予防，解決からキャリア，コーチングまで

実践

職場で使える カウンセリング

諸富祥彦

小澤康司 編著

大野萌子

誠信書房

■ はじめに ■

　この本は，さまざまな職場で使えるカウンセリングについて，その全体像と諸技法，さまざまな具体的な問題について論じたものです。

　職場におけるカウンセリングは，①一次援助（成長支援），②二次援助（予防），③三次援助（問題解決・治療），④四次援助（再発防止）の四つの次元にわたっておこなわれます。本書は，この四つの次元における援助のすべてにわたって具体的な考えとそのノウハウとを示したものです。

　また，職場におけるカウンセリングは，①産業カウンセラー，キャリアコンサルタント，臨床心理士，公認心理師などの資格を有する方が「カウンセラーとして職場で勤務して実践する場合」と，②それらの資格の有無にかかわらず，「カウンセリングを学習した人が，上司として，あるいは，同僚として，部下や同僚にカウンセリング的な関わりを行う場合」との2種類があると思われます。本書は，このいずれのケースにも役に立つように想定して書かれたものです。

　具体的には，第1章で，四つの次元にわたるカウンセリングの全体像を示した後で，第2章でカウンセリングの諸技法を紹介しました。

　カウンセリングという領域ないしは実践について，その存在はかなり周知されてきました。しかし職場で，カウンセリングを受けることの意味が十分に理解されているかというと，実情はまだまだ程遠いところがあります。そこで第3章では「職場で働く人にカウンセリングを理解してもらうために」何が必要かを示しました。

　そのうえで，第4章では，職場で社員が抱えるさまざまな悩み，たとえば，「人間関係がうまくいかない」「部下の扱いが難しい」「仕事に意欲がわかない」「能力が発揮できない」「転職したい」「最近，元気が出ない」「うつかもしれない」「家族の悩み」といった悩みとその対応法を具体的に示

しました。この実際的な個々の問題への対応法について論じてある点が本書の肝の部分と言っていいでしょう。

第5章では，メンタルヘルス不調を予防する取り組みについて「セルフケアとラインケア」「事業場内スタッフによるケア，事業場外資源によるケア」「ストレスコーピングの研修」「コミュニケーション研修」「中小企業のメンタルヘルス対応」「ストレスチェックの結果の活かし方」といった点から論じました。

さらには，第6章では，メンタルヘルス不調者への対応について，「産業医，カウンセラー，産業保健スタッフの連携」という点や「うつの再発による長期休職者にどう対応するか」という点から論じました。

職場でのカウンセリングにおいて「キャリア」という観点は欠かせません。これについて第7章では，「職場ガイダンス，キャリア教育，キャリアカウンセリング」「キャリアコンサルタントがカウンセリングを活用する必要性」「人生の転機を支える」という点から論じています。

職場では，一人ひとりの意欲や能力をどう引き出すかが重要な課題になります。この点について，第8章ではコーチングやアドラー心理学から論じています。

最終章では，職場で働くカウンセラーの実際について「人事担当者や管理職がカウンセリングを活かす」「職場におけるカウンセラーの活動」「キャリアコンサルタントの成長」という三つの視点から論じました。

このように本書は，「管理職や上司としてカウンセリングをどう活かすか」から「職場に専門のカウンセラーとして配置された場合にどう動くか」という実際まで，さらには，「予防」や「一人ひとりのキャリアをどう伸ばすか」「意欲や能力をどう引き出すか」という点から「さまざまな悩みへの対応法」「うつの再発による長期離職者への対応法」まで，幅広く，しかも，具体的に論じています。

まさに「職場でのカウンセリングについては，まずは，この1冊！」といってよい決定版と言える内容になったのではないでしょうか。

産業領域でカウンセラー，キャリアコンサルタント，人事担当者として今実際に勤務しておられる方，これから勤務しようとされている方，今，

カウンセリングを学んでいてこれから産業場面で働きたいと思っておられる方，過去にカウンセリングを学んだことがあって職場に活かしたいと思っておられる方——そのような方々のすべてにぜひ手に取っていただきたいと思っています。

「まずはこの1冊から！」

2020年1月

諸富　祥彦

▶▶目　次

第5章 メンタルヘルス不調を予防する取り組み *103*

第6章 メンタルヘルス不調者への対応 *130*

第7章 一人ひとりのキャリアを支えていく *151*

第1章 職場で使えるカウンセリング

役に立つカウンセリングとは：
カウンセラーの四つの次元

I 狭義のカウンセリングと広義のカウンセリング

　職場で役に立つカウンセリングとはどのようなものでしょうか。クライエントにとって意味があり効果を実感できるカウンセリングとはどのようなものでしょうか。

　このことを考えていくにあたり私は「狭義のカウンセリング」と「広義のカウンセリング」の区別を踏まえておくことが必須であると考えます（諸富，2010a）。

　「狭義のカウンセリング」とは，いわゆる心理面接のことです。週に1回木曜日の5時から5時50分，カウンセリングセンターのカウンセリングルーム（心理面接室）において，カウンセラーがクライエントの話を聴く。問題解決の方途について一緒に考えていく。このようなカウンセリングルームにおいてカウンセラーが行う個別の心理面接。これが狭義のカウンセリングです。

　一方そのような問題解決や治療のみならず，より広いさまざまな広範な活動も組み入れたカウンセリングが「広義のカウンセリング」です。

　広義のカウンセリングにおいては，クライエントの問題解決や治療だけに取り組むのではありません。クライエントのさらなる成長にダイレクトに取り組むような活動や，まだ問題や症状を抱えていない人々を対象とした予防的な活動も広義のカウンセリングの重要な一部となります。

　また両者は具体的な活動の場所も異なります。「狭義のカウンセリング」においては，個別の心理面接が中心となることから，それが行われる具体的な場所はカウンセリングルームということになります。一方，「広義のカウンセリング」において，参加者のさらなる成長や予防を目的とする場

合には，参加者も多い時ですと数十名から数百名になります。実施する場所も，さまざまなエクササイズや実習に取り組むことができるような，比較的大きな部屋が用意されることが多いと思われます。

　つまり両者は目的が異なるだけではなく，その参加者の性質やニーズに応じて，どのような場所においてどのような具体的な形をとって執り行われるかも違ってくるのです。

　カウンセラーがクライエントにとって真に役に立つ有益なものとなるためには，それは「広義のカウンセリング」として理解される必要があります。すなわちそれは単に問題解決や治療に役立つばかりではなく，それに関わる人のニーズに応じて，個人の自己成長やメンタルヘルス不調の予防に役立つものである必要があるのです。

II　カウンセリングの四つの次元

　カウンセリングは，問題解決や治療に役立つだけでなく，それに関わる人々のニーズに応じて，個人の自己成長やメンタルヘルス不調の予防にも役立つ必要があると述べました。

　また産業場面においては，たとえばうつ病を抱えた方が何度も再発を繰り返して，その結果職場復帰が困難になるということがしばしばあります。多くの産業場面での悩みをお聞きしていますと，むしろこの再発の予防や再発を繰り返す職員への対応が，カウンセリングの分野における喫緊の課題であると言うこともできるでしょう。

　このことも踏まえてカウンセリングには次の四つの次元がある，そしてそのいずれも重要であると言うことができるでしょう。

職場におけるカウンセリングの四つの次元

①自己成長の次元
②予防の次元
③問題解決や治療の次元
④再発防止の次元

1. 自己成長の次元

　私がこれからのカウンセリングで最も重要な役割を果たすと考えている
のがこの自己成長の次元です。

　アブラハム・マズロー（Maslow, A. H., 1908-1970）も言うように，人
間は大きな精神的な飛躍的成長を果たす直前に，自分でも理解しがたい不
可思議な空虚感に襲われるものです。「私はこのままではいけないのでは
ないか」「このまま生きていて果たしてそれでいいのだろうか」——自分
自身の存在に対するこうした漠然とした問いかけが生じます。こうしたい
わば自分の存在の意味そのものに関わるような漠然とした不安に襲われた
後に，人間は大きな飛躍的な成長を果たしていくのです。

　この不安はいわゆる精神的な症状としての不安，あるいは病理としての
不安とは異なります。その人の精神のありようがさらなる飛躍的な成長を
果たしてもよい段階に来ているにもかかわらず，実際は停滞してしまって
いる。果たすべき成長を果たしていないことがもたらす実存的な不安，存
在の意味そのものに関わる不安なのです。

　この存在の意味に関わる不安に駆られて，人はさらなる自己成長を求め
始めます。たとえば仕事の業績は十分に上がっている。経営的にもうまく
いっている。にもかかわらず精神的な納得感がない。「何か足りない」「自
分はまだこの人生で本当に果たすべき仕事に取り組んでいない」——この
ような漠然とした焦燥感に駆られてしまうわけです。

　これまでの自分の仕事の達成や成功についても疑問を抱き始めます。
「確かに私は仕事で成功している。なかなかの業績を上げることができて
いる。けれどもそれがいったいどうしたというのだ。この仕事の全体に
いったいどういう意味があるというのだ」——このような漠然とした不安
に駆られるわけです。これは仕事の成功・失敗に関わる問いではありませ
ん。むしろ仕事全体の意味，さらには人生そのものの意味に関わる問いか
けです。

　このような「意味に関わる問い」は，ヴィクトール・フランクル（Frankl,
V. E., 1905-1997）も言うように，人間の精神の病理の表現ではありませ

ん。むしろそれは「人間の最も人間的なるものの表現」であるに違いない
のです。

　このような存在の意味そのものに関わるような不安を払拭するには，さ
らなる自己成長を果たしていくほかありません。「ああこれが私がこの人
生でなすべきことだ」「これこそ私が生涯をかけて取り組むべきことなの
だ」――このような人生の使命，私の言葉で言うと「魂のミッション」に
関わるような気づきを得た時にのみそれは解消しえます。自分の人生に与
えられた使命・天命に我を忘れて取り組んでいる。このような忘我，自己
忘却の状態に至ってこそ人間は初めて心の底からの深い満足感を得て生き
ることができるのです。

　カウンセリングが，「仕事」というものを経て，一人ひとりの人間の精
神の真の自己実現を目指すものであるならば，それは究極的にはこの高み
を目指すべきです。どれほど仕事で成功を収めて大きな業績を上げたとし
ても精神的に不安な人はいくらでもいます。そこに欠けているのは人生の
使命・天命の感覚，魂のミッションの感覚なのです。

　私はこのような高みにまで個人の精神性を高めていくカウンセリングを
「自己成長カウンセリング」と命名したいと思っています。それは心理カ
ウンセリングや心理療法のみならず，意味深い気づきをもたらすような良
質のコーチングやキャリアコンサルティングのいずれにも共通するコア
（核心）のようなものです。

　その核心に至るには人間性心理学やトランスパーソナル心理学の理論や
方法の助けを借りて，一人ひとりが自分が暗黙のうちに体験している体験
をより十分に意識的・自覚的に体験し尽くし，そこから意味が生成されて
くるのをサポートする必要があります。そしてそのためにはロジャーズ
（Rogers, C. R., 1902-1987）の来談者中心カウンセリングをはじめとして
フォーカシング，プロセス指向心理学，ゲシュタルト療法，ユング心理
学，EFT などを駆使しながら一人ひとりが自分の暗黙の体験をより十分
に自覚的に体験することをサポートし，そこから気づき（アウェアネス）
が生まれてくるのを支えていくことができるものでなくてはなりません。
私はその方法を「体験‐意味」生成アプローチ，とか，アウェアネス・アプ

ローチなどと呼んでいます。

　カウンセリングにおいて，個人の自己成長をサポートする場合，それは一人ひとりの内なる人間性を高めていき，ひいては自らの人生に与えられた使命・天命への目覚めにつながるようなものでなくてはなりません。それはその意味で「意味志向的アプローチ」「使命志向的アプローチ」である必要があるのです。

2.　予防的次元

　カウンセリングにおいて昨今ますますその重要性が指摘されているのが予防的な次元です。カウンセリングが普及し，さまざまな問題や症状を抱えた職員が次々にカウンセリング場面を訪れるようになったとしても，そのすべてに個別に対応していくとなると，経済的なコスト，時間的なコスト，労力的なコストは莫大なものになります。とてもニーズに追いついていかないのです。そのためには問題が発症する前の時点，症状が発現する前の時点で予防的な取り組みを行っていく必要があります。

　予防的な活動の大半が集団を対象として行われます。たとえばマインドフルネスを学ぶことによって，うつ病の再発率が4割近く低下するとした報告もあります。発達上の問題を抱えた方が，ソーシャルスキルトレーニングなどの人間関係の学習を行うことによって，職場でのトラブルを起こす頻度を低下させていくことも可能でしょう。

3.　問題解決・治療的次元

　これは従来型の心理面接にあたります。「狭義のカウンセリング」にあたるものです。

　たとえば週に1回木曜日の5時から5時50分の50分間，毎回同じカウンセラーがその方の悩み苦しみに耳を傾ける。このような治療構造が「狭義のカウンセリング」においては大変大きな意味を持ちます。クライエントにとって大きな安定感や安心感をもたらします。

　毎週決まった時間に同じ場所で同じ時間に同じカウンセラーに話を聞いてもらえる。他の誰にも話せないような話をその人にだけは話すことがで

きる。この特定の治療構造はやはり大きな意味があります。それは他のさまざまな短期的なアプローチの工夫によっては取って代わることができないような大きな意味を持つのです。

4. 再発防止の次元

　最近ますますその重要性を認識されているのが再発防止の次元です。多くの職場においてメンタルヘルス上の問題，たとえばうつ病を繰り返し発症しそのつど休職を繰り返す職員が大きな問題となっています。

　これはその職員当人の問題だけではなくて，その職場の士気を低下させてしまうのです。せっかく治療が成功して職場への復帰を果たすことができたにもかかわらず，何度も再発しそのつど休職を繰り返していたのでは職場全体の雰囲気が悪化してしまいかねません。そのためにも職場復帰のノウハウが問われます。

　これからのカウンセリングを考えるにあたって，この四つの次元それぞれが大きな価値を持つものとして大切にされなくてはなりません。

▶さらに学びを深めるために

諸富祥彦（2010a）．はじめてのカウンセリング入門（上）　カウンセリングとは何か．誠信書房．
諸富祥彦（2010b）．はじめてのカウンセリング入門（下）　ほんものの傾聴を学ぶ．誠信書房．

第2章 職場で使えるカウンセリング技法

I 共感的傾聴

　カウンセリングの最も基本にして効果的な技法，それが共感的な傾聴です。クライエントの話を聴く時，最も大切なことのひとつは，共感的に理解しながら聴くことなのです。

　しかしこの共感的理解は，なかなか難しいものです。単に知的に理解する，というのではなく，あるいは診断的に理解する，というのでもなく，共感的に理解するというのは，大きな困難が伴うことです。

　では，「共感的に」聴き「共感的に」理解する，というのは，どのようなことでしょうか。「共感的に」聴き，理解するというのは，ひとつには，クライエントの話を外から聴くのではなく，「クライエントの内側に入り，クライエント自身の内側の視点に立って」聴くということです。

　カウンセラーはまず，自分を消し去り，クライエントの内側の世界に「自分を投げ入れて」，そこに自分を溶かし込みます。あたかもクライエントになったかのようなつもりで，クライエントになりきり，その内側からクライエントの心の世界をありありと体験する必要があります（したがってそれは，「自己投入的理解」であるとも言っていいでしょう）。

　もちろん，どれほどクライエント自身の内側に立ち，クライエント自身になりきったつもりで話を聴いていこうとしても，当然ながら私たちは，クライエントその人に実際になることはできません。他者の体験を聴くのですからクライエント自身の内的体験を，「こういうことであろうか」「それともこういうことなのだろうか」と，さまざまに推測し想像をめぐらしながら聴いていくことになります。

　それは，「もし自分がこのクライエントと同じ価値観，感じ方，考え方

の持ち主であるとして，その同じフレーム（枠）を通してこの体験を体験
しているのだとしたら，それはどのような体験であろうか」と思いをめぐ
らしながら聴いていくことでもあります。

　このことをカール・ロジャーズは，「内的準拠枠」という言葉で示しま
した。

　1951 年，ロジャーズは『クライアント中心療法（*Client-Centered
Therapy*）』の中で後に「自己理論」と呼ばれるようになる独自のパーソ
ナリティ理論を打ち出すのですが，その基本的な視点として提示されたの
が，「内的照合枠」「内的準拠枠」「内側からの視点」などと訳されてきたこ
の "the internal frame of reference" という概念です。

　これは，個人を診断名などの外部的基準から見るのではなく，その人自
身の内側の視点（フレーム）から理解しようとすることです。しかもその
本人の内側の視点に立って，本人自身になったかのような姿勢，なりきっ
た姿勢で，その人をその内側から理解しようとすることです。

　ロジャーズは後年（1982），この共感的な傾聴や，その基本技法である
伝え返し（reflection）について，それは「私があなたのことを正確に理
解しているのかどうか，そのつど確認させてもらいつつ聴く」姿勢である
として，testing understanding（理解の検証）とか checking perception
（受け取りのチェック）といった言葉で言い表しています。

　これは，クライエントの言葉を，クライエントになったかのようなつも
りでその内側から理解したカウンセラー側の理解や受け取りを，クライエ
ント自身に，自分の内側の視点に立ってぴったりかどうかを確かめてもら
う，検討してもらう姿勢です。そしてもしぴったりでないとしたらどこが
どうぴったりではなく，どこをどう修正すればよいかを教えてもらいなが
ら，聴いていくというカウンセラー側の姿勢のことです。

　クライエントは自分の語っていることについて自分の内側に照らして
ぴったりかどうか「照合」しながら語り，また，カウンセラー側からの共
感的応答についても自分の内側に照らしてぴったりかどうか「照合」して
いく。それによって，クライエント自身の言葉も，カウンセラーの言葉も
微修正されていきます。文字通り，クライエントの「内側」において「内

的に照合」されながら，カウンセリング場面のすべては進んでいくのです。

　初学者に覚えておいてほしいのは，「共感」は「同感」とは異なる，ということです。

　「そうですよね」というのは，日常会話でよく使われる「同感」です。「そうですよね」とカウンセリング場面で言われると，クライエントは，カウンセラーから「同感」され「同意」されたことになります。しかしこの日常会話的な同意は，無言のうちに，カウンセラーと同じ考えを持つほうがよいことをいつの間にか半ば強いられることを意味しています。せっかくカウンセリングに来て自分を見つめようとしているのに，未熟なカウンセラーの不用意な言葉で，貴重な機会を台無しにされてしまうのです。注意したいものです。

▶さらに学びを深めるために

Rogers, C. R. (1951). *Client-Centered Therapy: Its Current Practice*. Boston: Houghton Mifflin. 保坂　亨・諸富祥彦・末武康弘（共訳）(2005). クライアント中心療法. 岩崎学術出版社.

Ⅱ　ストレスコーピング

1. ストレス理論

　最近の研究では，さまざまな出来事などのストレッサーによって引き起こされるストレス反応やストレス反応が長期的に持続することによって，病気やガンに至る生体のメカニズムが明らかになってきています。ストレス反応を引き起こす刺激はストレッサーと呼ばれ，物理的因子（寒冷，騒音など），化学的因子（薬物など），生物的因子（細菌，花粉など），心理社会的出来事（配偶者の死，離婚，試験，トラブルなど）があります。

　また，実際に起きていない否定的な出来事などを想起，予期，考え続けることでストレス反応が引き起こされ，ストレッサーの受け止め方（認

知）によりストレス反応が異なります。私たちのストレッサーの認識は，仕事のこと，家庭のこと，人間関係のこととしてストレッサーを区別して考えていますが，心身はひとつであり，すべてのストレッサーの総和に心身は反応しています。このストレス反応は，自律神経系や内分泌系を介して，全身のすべての細胞に影響を及ぼすため，ストレス反応は個人によって多様で，全身のさまざまな症状として現れます。

2．ストレスコーピング法

「ストレスコーピング」は，個人がストレスとなる場面や状況に遭遇した際に，そのストレスを軽減，克服するための努力のプロセスであり，西洋，東洋においてさまざまな方法が開発されています。コーピングの分類として，①問題中心型（問題を解決，対策，回避する），②情動中心型（情動を表出，抑制する），③認知的再評価（問題の見方，考え方を再検討），④社会的支援（誰かに相談，支援を求める），⑤気晴らし型（運動，趣味，ストレス解消法）などがあり，適切なコーピングの実施によりストレスを低減することができると考えます。

また，ハーバート・ベンソン（Benson, H., 1935-）は，超越瞑想者が瞑想中，心拍数，代謝率，呼吸数，血圧等の低下することを発見し，「リラックス反応」を定義しました。人間が本来的にもっているリラックス反応を引き出す方法として，①静かな環境，②意識を集中する対象（音・音楽・文章・祈り）を無言で繰り返す，ひとつの物を一心に見つめる，③受け身の態度（雑念が浮かんでも流れに任せて，集中した状態に戻ることだけを心がける），④楽な姿勢が重要としました。

このリラックス反応はストレス反応を低減するだけでなく，苦痛を和らげ，心身を回復させる力を引き出すことから，その後，東洋の瞑想法をアレンジしたマインドフルネスストレス低減法などが普及してきました。コーピング法として，有酸素運動や，漸進的筋弛緩法，趣味などのアクティブなリラクセーション，ユーモア等が有効であり，毎日継続することでストレス耐性が向上します。また，自分のストレス反応をモニタリングし，自分に合ったコーピング法を探す作業は，前頭葉が，感情脳を制御す

る訓練をしていると考えられています。ハーバート成人発達研究所の縦断的研究では，健康にとって孤独が最も害があり，信頼でき援助を求めることができる仲間の存在が健康や幸福感を高めるとしています。

　しかし，一般には家庭でも学校でも，ストレス理論や適切なコーピング法について学習することはなく，自己の経験則に基づいて，ストレスを軽減する「ストレス解消法」が行われています。「ストレス解消法」は一定の効果がありますが限界もあります。特に飲酒や喫煙，甘いものは一時的に緊張を緩和する働きがありますが，過度に摂取すると健康を害することになります。特にアルコールの飲用は，大脳新皮質を麻痺させ，交感神経の緊張を麻痺させる働きがありますが，現実のストレッサーを解決するなど適切なコーピングをしないまま飲用を繰り返すと，アルコール依存症などになる可能性が高くなります。

▶さらに学びを深めるために

河野友信・吾郷晋浩・石川俊男・永田頌史（2003）．ストレス診療ハンドブック［第 2 版］．メディカル・サイエンス・インターナショナル．

Ⅲ　認知行動療法

1.　認知行動療法

　認知行動療法とは，認知と行動の変容をさしあたりの治療ターゲットとして，気分や生理反応などの各種症状の治療的介入を行おうとする心理療法の総称のことです。認知行動療法に発展する以前は，学習理論に基づいて治療を行う，行動療法がありました。この行動療法に，1960 年代初頭に開発されたエリス（Ellis, A., 1913-2007）の論理情動療法やベック（Beck, A. T., 1921-）の認知療法などが加わり，また学習理論の発展として，認知内容を取り扱うバンデューラ（Bandula, A., 1925-）の社会的学習理論が加わり，認知行動療法に発展してきたのです。

ところで，治療前後でプリテストとポストテストとしてアセスメントを実施し治療効果を確認するのが，行動療法や認知行動療法の特徴でした。そのため，実証に基づく医療（Evidenced-Based Medicine）の影響で，実証に基づく心理療法（Evidenced-Based Psychotherapy）の動きが起こった 1990 年代半ば以降も，効果の最も実証された心理療法として認知行動療法は世界的に広まってきました。

わが国においても，2010 年にうつ病の認知療法・認知行動療法に医療保険が適用できるようになり，また 2016 年には不安障害の認知療法・認知行動療法に，さらには 2018 年に神経性過食症に対する認知療法・認知行動療法にも保険が適用できるようになってきています。

2. 成長支援や予防における認知行動療法の応用

職場における成長支援のカウンセリングといえば，キャリアカウンセリングでしょう。2015 年に，公認心理師の国家資格が成立したのと同じ国会で，キャリアコンサルタント資格が国家資格として成立しました。このキャリアカウンセリングのひとつの重要な方法として，クルンボルツ（Krumboltz, J. D., 1928-2019）の社会的学習理論に基づくキャリアカウンセリングがあります。また，メンタル不調の予防のためには，個人向けのストレスマネジメント研修が一般に行われていますが，最も効果的な方法は認知行動トレーニングとリラクセーション法を組み合わせたプログラムであることが明らかにされています（van der Klink et al., 2001）。そのひとつの例として，わが国では認知行動療法によるストレスマネジメントのeラーニングを受講した群が，受講しなかった群に比べて，１年間のうつ病発症率が５分の１に低減することが実験的に示されています（Imamura et al., 2015）。

3. 産業場面での問題解決・治療における認知行動療法の応用

カウンセリングの基本は，ロジャーズが開発したパーソン・センタード療法ですが，パーソン・センタード療法のみで展開が見られない時に，認知行動療法を付け加えた折衷的な方法が効果的な場合が多々あります（福

井，2016)。また，認知行動療法に基づくeメール・カウンセリングを産
業カウンセラーが実施した実験群（50名）と，eメール・カウンセリング
を受けなかった統制群（50名）の無作為抽出化比較試験も行われていま
す。その結果，否定的認知が実験群では統制群よりも低減し，日本版
BDI-Ⅱベック抑うつ質問票で測定した抑うつ傾向が実験群のみ低減した
ことが示されております（粟竹他，2018)。

　ところで，うつ病などの場合には，カウンセラーは基本的に産業医や産
業保健師，もしくは病院やクリニックの医師にリファーするのが基本とさ
れています。そういった医療による薬物療法などで回復してくると，最近
ではリワークのためにショートデイケアプログラムで集団認知行動療法を
受ける場合もあり，復職支援のために有効な方法となっています。そう
いった認知行動療法を受けて復職した方に，カウンセラーがカウンセリン
グする場合に認知行動療法を応用できれば，非常に効果的な再発予防が行
えます。

▶さらに学びを深めるために

> 島津明人（編）（2014)．職場のストレスマネジメント──セルフケア教育の
> 　企画・実施マニュアル．誠信書房．

Ⅳ　NLP（神経言語プログラミング）

1. NLP とは

　NLP（Neuro-Linguistic Programing）とは，一言でいえば，成功者の
モデリングをすることで効果を得る方法です。
　成功者がどのようにして力を発揮しているかを詳細に観察して，そのや
り方を具体的な手順にすることによってつくられたブリーフ療法に位置づ
けられる心理療法のひとつです。
　NLP の開発は，1970 年代の天才的な心理療法家として知られるゲシュ

タルト療法家のフリッツ・パールズ（Perls, F. S., 1893-1970），家族療法家ヴァージニア・サティア（Satir, V., 1916-1988），医療催眠家ミルトン・エリクソン（Erickson, M. H., 1901-1980）をモデリングすることから始まりました。そして，2人の創始者ジョン・グリンダー（Grinder, J., 1940-）とリチャード・バンドラー（Bandler, R., 1950-）は，個性も性格も異なる3人の天才心理療法家の技法には，驚くほど似通った点があることを発見し，具体的に手順化することに成功したのです。

　このような経緯で開発されたNLPは，日本語でも，そのまま「神経言語プログラミング」と直訳されています。

● N（神経）──Neuro：視覚・聴覚・触運動覚・味覚・臭覚の神経学的な過程
● L（言語）──Linguistic：思考・行動を順序立てる言葉
● P（プログラミング）──Programing：思考・行動を組織立てること

2. NLP 技法の構造

NLPは，その人にとっての問題状況から，その問題を解決できる望ましい状況に変化させるテクニックです。NLPの技法をその構造にそって適切に適用することで，著しい効果が現れます。

　①第一ステップは，問題状況を明確にすることです。
　②第二ステップで，「どうなりたいか？」という望ましい状態を明確にします。
　③第三ステップは，その望ましい状況をリソースとして，あたかも今その状態を体験しているかのように感じてもらいます。この技法をNLPでは「連合」と呼んでいます。ここで望ましい状態が確認できたら，NLPの技法を使って問題状況から離れ，望ましい状態に統合や変化が生まれるように促します。
　④十分に望ましい状態を感じることができたら，クライエントは，これまでとは違う問題状況への対処に踏み出すことができます。

　以前勤めていた職場で，担当する仕事のストレスにより退職した方が，その後何回も面接を受けますが，なかなか再就職できないために私のカウンセリングを受けに来ました。

　その方は，大学を優秀な成績で卒業し公務員になりましたが，虐待や発達障害の相談部門の仕事をするようになってから体調が悪くなり休職後に退職しました。今は，体調もよくなり再就職を希望していますが，面接官からいくつもの質問を受けるといつのまにか緊張してしまい，簡単な質問でも受け答えがしどろもどろになってしまうのです。本人も面接がうまくいかないために再就職できないことは自覚していますが，どうすればいいかわからないでいました。

　NLP は，このような時クライエントに「緊張を感じずにリラックスしていた場面」を探してもらいます。この方が思い出したリラックスしている時は，大学生の時に親しい友達と会って過ごす時間でした。そこで，その時の友達の顔を思い出し，その友達の声を聴き，さらには体に感じている感覚を再現してもらい，そのことに十分に連合する時間をとってもらいました。

　そして，いつでも必要に応じてこのリラックスしている状態を再現できるようにして，次の面接を受けていただきました。面接はとてもうまくいき，見事に新しい職場に就職することができたのです。

　このように，過去に身につけてしまったその人特有の自分自身との関わり方に気づいて，それをまったく新しい別のやり方に変えることを決意し，問題や悩みに役に立つ望ましい状況を見つけます。そして，NLP の技法によって新しく得られた望ましい状態の感覚を十分に体験すれば，必ずといっていいほど NLP テクニックの効果が得られます。

3. 職場のストレスへの応用

　今，社会を取り巻く環境は，大きく変わっています。たとえば，30〜40代のビジネスマンの著しいモチベーションの低下や，「うつ病」の増加というようなことが，社会問題になっています。少なくとも毎月のノルマを思うように達成できないために自信をもてない，どうしても上司とそりが

合わなくて会社を辞めたいと悩んでいる社員も増えています。

　NLP は，人間関係を改善するための戦略的な方法のひとつとして広く普及しています。働く人々に求められる能力にはさまざまなものがありますが，現代のようにストレスの多い社会に求められているのは，上司や部下あるいは顧客とうまくやっていくコミュニケーション能力，仕事や人間関係からくるストレスをうまくセルフコントロールする能力です。職場のストレスによるメンタル不調の予防のために NLP テクニックを応用すれば，自律訓練法，筋弛緩法，マインドフルネス瞑想法などとほぼ同じような自律性変容状態が得られます。

▶さらに学びを深めるために

Bandler, R.（1985）. *Using Your Brain: For a Change*. 酒井一夫（訳）（1996）. 神経言語プログラミング──頭脳をつかえば自分も変わる. 東京図書.
O'Connor, J. & Seymour, J.（2002）. *Introducing Neuro-Linguistic Programming*. London: Thorsons. 橋本敦生（訳）（2019）. NLP の原理と道具──「言葉と思考の心理学手法」応用マニュアル. Pan Rolling.
梅本和比己（2006）. 苦手意識は捨てられる. 中経出版.

Ⅴ　交流分析

1.　交流分析とは

　交流分析（Transactional Analysis: TA）はアメリカの精神科医エリック・バーン（Berne, E., 1910-1970）によってつくられた臨床心理学の理論であり，また心理療法の技法でもあります。

　TA は「人はみな OK」という哲学，基本的人間観をもっています。これは個人がその行動様式に関係なく，それぞれに愛すべき存在であり，成長し自己実現に向かう欲求とエネルギーを潜在能力としてもっているという意味です。

2. 理論の四つの柱

①**自我状態分析**：個人の心には三つの自我状態が存在し，「親」「成人」「子ども」と呼ばれ，三つの自我状態に備蓄されたエネルギーがその間を流動する，それを分析して個人の心の動きを理解します。

②**やりとり分析**：三つの自我状態をもつ個人が他者と交流するかたちを分析して，そこでどのようなコミュニケーションが行われているかを見ていくものです。

③**ゲーム・ラケット分析**：お互いが後味の悪い感情を味わう**やりとり**をゲーム・ラケットと呼びます。それを分析することで，今ここで何が起こっているか明らかにして，心地よい交流に変えることができます。

④**脚本分析**：私たちは誰でもが小さい時に「こう生きよう」という決断をして，それに則って自分の人生の脚本を書く，という脚本理論がTAの治療理論の中核です。

　以上の他に，人生の基本的立場，ストローク，値引き，再決断などさまざまな理論があります。紙面の関係で省略しますが，それぞれの理論は図式化され視覚的にもわかりやすいものです。TAの書籍『TA TODAY』などを参照してください。

3. TAのカウンセリングの進め方

(1) 契　約

　TA理論でカウンセリングを行う場合，クライエントの主訴を傾聴することは他のカウンセリング諸理論と同じですが，その状態をどのように変えたいかをクライエントの言葉で明確にし，その目標に向かってカウンセラー・クライエントが共同作業をし，取り決めをします。これが契約です。お互いにOKな存在を認め合うTAの人間観により成り立ち，お互いの権利と責任を顕らかにし，双方を守るためのものです。

(2) カウンセリング・プロセス

　契約を念頭に置きながらクライエントを傾聴していく中で注目していくのは**ストローク・ゲーム・値引き**です。人は OK な存在であるという考えから存在に対する承認を「ストローク」（存在認知の働きかけ）と名づけ，非常に重要視します。職場で起こる問題の多くはお互いのストローク交換の不足から起こります。すべての人がストロークを必要としているにもかかわらず，私たちは的確な獲得方法を学んでいません。ストローク不足に陥ると否定的なストロークでも得ようと，無意識に「ゲーム」というやり取りをします。ゲームは職場では上司と部下，家庭では家族間でしばしば行われる後味の悪いやり取りで，結果はいつもおなじみの嫌な感じで終わります。この感じを交流分析ではラケット感情と呼んでいます。

　存在に対する無条件の肯定的なストロークは，いかなる治療的アプローチより個人の OK さを強め問題解決に寄与します。否定的なかたちで出されるストロークのあるものは「値引き」（現実を過小評価する）と呼ばれ，個人の存在に対する OK さを否定し，エネルギーを低下させ問題を深刻化させます。職場での値引きに注意することが，現場で起きている問題に対する解決法として重要です。

　さらに TA にはもう一歩深く個人を理解する理論として**人生脚本**という概念があります。私たちは成長段階において親との関わりの中で自分の生き方を決め，大人になってもその幼時期の決断にいまだに従っている部分があります。それを決めたのは幼児期の自分であり，その脚本を成長した自分が新しい決断（再決断）に変えることはいつでも可能であるという主張です。

　来談者の話を聴きながら，その人の人生脚本に触れていくのはカウンセリングから心理療法に進んでいくことです。それにはさらなるトレーニングとスーパービジョンが必要です。職場でのカウンセリングでは個人の脚本には深く入らないほうが賢明です。

　エリック・バーンも繰り返し言っているように，TA はよく切れるナイフです。TA の理論学習・体験学習を積み重ねて初めて，そのナイフを安

全かつ有効に使うことが可能です。

▶さらに学びを深めるために

Stewart, I. & Joines, V. (1987). *TA Today: A New Introduction to Transactional Analysis*. Nottingham & Chapel Hill: Life Space. 深沢道子（監訳）（1991）. TA TODAY──最新・交流分析入門. 実務教育出版.

VI　アドラー心理学

アドラー心理学の全体像をごく簡単に図表化すると，次のようにまとめられます（**図2-1**）（岩井，2014）。

アドラー心理学は，理論（基本前提），思想（価値観），技法の三つの領域に分けて説明できます。

中央に位置する「自己決定性」「目的論」などが理論（基本前提）。思想

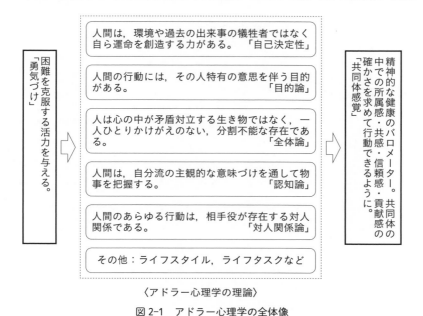

〈アドラー心理学の理論〉

図 2-1　アドラー心理学の全体像

（価値観）に相当するのが，「共同体感覚」（Adler, 1927）。アドラー（Adler, A., 1870-1937）は，「（人を判断するための確実な基準として）共同体感覚の大きさ以外の基準を認めることができない」としています。そして，アドラー心理学の理論をもとに「共同体感覚」の育成が図れるように支援する技法の代表格が，「困難を克服する活力」を与える「勇気づけ」（岩井，2011）です。

この節では，第8章Ⅱ「アドラー心理学で勇気づける」（171頁）で詳しく述べる「勇気づけ」以外の，カウンセリングに使えるアドラー派ならではの技法を三つほど紹介しておきます[注1]。

（なお，これらは，カウンセリング初期から行うものではなく，第8章Ⅱで述べる「カウンセリング的人間関係」が成立してからの「再教育期」に使われるものであることを付記しておきます）。

アドラー派ならではのカウンセリング技法

①「まるで……のように（as if）」振る舞う
②スープに唾を吐く
③その瞬間を捕らえる

---

1. 技法①：「まるで……のように（as if）」振る舞う―――――

夫婦関係がぎくしゃくしているカップルが相談に来たとします。お互いの意思を確かめたら，子どももいることだし修復したいことが確かめられました。そんな時の助言が「まるで新婚当時のように振る舞う」という助言です。「パパ」「ママ」という子ども本位の呼び方を新婚当時のように呼び合い，時に子どもを誰かに託してデートをすることをお勧めします。

注1）Dinkmeyer, D. C., Dinkmeyer Jr., D. C., & Sperry, L. (1987). *Adlerian Counseling and Psychotherapy*, second edition. Columbus: Merril, およびジョセフ・ペルグリーノ博士のヒューマン・ギルドでの「アドラー派のカウンセリング技法」テキストから。

2. 技法②：スープに唾を吐く

　これは，アドラー自身が自分のセラピーでよく使っていた方法で，「きれいな良心を汚す」という表現を用いていたこともあります。クライエントのある行動の意味づけを変えることによって従来パターンの行動を変えてしまう方法です。

　たとえば，「職場で一番になれなければ意味がない。でも一番にはなれそうにないので，最初から行動を控えめにしている」というクライエントがいたとして，カウンセラーが「あなたは自分自身を守ることを選んで，職場に貢献することを怠っているのですね」と解釈を伝えることによって，仕事の手を抜くことを封じてしまうようなやり方です。

3. 技法③：その瞬間を捕らえる

　二日酔いを繰り返すことによって職場に迷惑をかけている社員がいたとします。どんな場面になると二日酔いになるかを尋ねると，ビールと焼酎をほどほどに飲んでいると OK なのだが，仲間と盛り上がって日本酒を酌み交わすことになると翌日に影響が出ることがわかりました。日本酒に替わりそうな瞬間に自制心を働かせるか，あるいは水も注文して日本酒の量をセーブする方法です。

▶さらに学びを深めるために

Adler, A.（1930）. *The Education of Children*. Indiana: George Allen and Urwin.
　岸見一郎（訳）（2014）. 子どもの教育. アルテ.
岩井俊憲（2011）. 勇気づけの心理学［増補・改訂版］. 金子書房.
岩井俊憲（2014）. 人生が大きく変わるアドラー心理学入門. かんき出版.

Ⅶ　アサーション

1.　適切な自己表現とは

　アサーションとは，自分も相手も大切にする伝え方のことを指します。主張訓練と訳されることもあるので，自己主張を強くすることと思われることもありますが，そうではありません。相手と対等な目線で，自分の気持ちを率直に表現することであり，より良い人間関係をつくるコミュニケーションのスキルです。

　アサーション研修の導入としてよく利用するのが，以下の質問です。

　「レストランで，食後にコーヒーを頼んでおいたのに，実際に提供されたのが紅茶だったらどうしますか？」というものです。

　この問いかけに対し，「何も言わずに提供されたものを飲む」と答える方が，通常2～3割いらっしゃいます。年々この傾向は強まり，この春（2019年）の新入職員（私の担当した研修，数十社）に至っては，6割を超える方が「何も言わない」と回答しました。

　なぜ言わないのかを聞いてみると，「面倒だから」とか「紅茶でも良いから」という思いがあるのに対し，自分の思いを主張することイコール「相手との関係を悪くしたくない」「嫌な奴だと思われないか不安」「言ったところで嫌な思いをするだけ」といった意見が多く聞かれました。

　自分の思いや意思を表現することが，わがままやマイナスなことととらえる傾向が見受けられ，さらに問題なのは，「もうその店には行かない」という拒絶が語られたことです。こちらから何も意思表示しないのに，わかってもらえなかったことに対して拒絶反応を示すことに大きな問題があると感じます。

　そもそも，人との間に「以心伝心」は難しく，特に職場においては，言わなければ伝わらないし，意見や思いは違って当然で，相手の主張を認め，お互いの思いをすり合わせていくプロセスこそが，関わり構築に必要なことなのに，それ自体を避けてしまうのは，由々しき事態です。

　そこには，「No」や意思表示をすることに抵抗があり，違う見解をすり合わせるというエネルギーを使うよりは，そもそも関わりをもたないことでトラブルを避けるといった，「事なかれ主義」と「傷つきたくない防衛」が垣間見えます。

　自分の思いを伝えられないということは，自分の気持ちを大切にしないことにもつながります。

2.　自己表現の三つのタイプ

（1）ノンアサーティブ（非主張的自己表現）

　冒頭に挙げた例ですと，「何も言わないで紅茶を飲む」がこれにあたります。自己主張しない傾向が強く，ゆえに，相手に自分のことを理解してもらいにくい傾向があります。

（2）アグレッシブ（攻撃的自己表現）

　「店長呼んで来い！」など，店員に文句を言ったり，嫌みを言ったりすることがこれにあたります。相手を不快にさせ，関係性を悪化させます。

（3）アサーティブ（自分も相手も大切にする自己表現）

　率直で対等な表現方法です。

> 例「私がお願いしたのは，コーヒーです」（事実をシンプルに穏やかに）

　（1）と（2）を減らし，（3）を増やしていくことがアサーションスキルを上げていくことにつながります。基本は，「何事も具体的に話すこと」「穏やかに接すること」が挙げられます。

　また，具体的にわかりやすく伝えるためには，曖昧表現に気をつけましょう。「できれば」「ちゃんと」など，人によって感覚の差が出る表現方法を使うとすれ違いやすくなります。すれ違うと「言わなければよかった」「言っても無駄」となりがちなので，注意が必要です。

> NG 例「ちゃんと報告して」
> OK 例「毎週，金曜日の午前中に進捗状況を報告して」

　相手が察しなかったと腹を立てるのではなく，具体的な相手が受け取りやすい表現を使うことも大切です。さらに，表情から受ける印象は強いので，伝えたい内容と表情を一致させることも重要です。

　コミュニケーションスキルは，知識として身につけるだけではなく，実際に相手に伝える場数が必要です。言いにくいことだからと黙っていると，さらに大きなトラブルに見舞われてしまうこともありますので，伝わる伝え方を身につけることは職場での人間関係改善に大いに役立ちます。

▶さらに学びを深めるために

> 大野萌子（2017）．言いにくいことを伝える技術．ぱる出版．

Ⅷ　エモーション・フォーカスト・セラピー

1. エモーション・フォーカスト・セラピーとは

　エモーション・フォーカスト・セラピー（Emotion-Focused Therapy: EFT）は，レスリー・グリーンバーグ（Greenberg, L. S., 1947-）によって開発された，統合的心理療法・カウンセリングアプローチです。うつ，全般性不安障害，複雑性トラウマ，夫婦間の葛藤に対する効果が検証されたエビデンスアプローチです。クライエント中心療法における共感と，セラピストの現前性（プレゼンス）を基礎とした治療関係を確立し，積極的体験技法を用いてクライエントの感情体変容を促進することを中心的な作業とします。

2. EFT の基本的考え方

EFT の理論と実践には四つの柱があります。

一つは，感情アセスメントであり，クライエントが面接中の「今ここで」体験する感情を，①「心理的健康と成長へと向かう力と情報をもつ一次適応感情」，②「トラウマや誤学習によって起こった一次不適応感情」，③「一次感情や認知に続いて起こる二次感情」，④「他者に対して向けられた感情表出行動である道具的感情」のどれであるのか見分けて，それぞれに適した介入の仕方を選んでいきます。

二つ目は感情の変容原則で，感情をどのように治療的に活用するのかということを示します。感情を表すこと，言語化することが一般的に良いとされていますが，EFT では実証研究に基づき，六つの変容の仕方を示しています。その中には，感情の気づきや感情調整力を高めること，不適応感情を，他のより適応的な感情を喚起して変容すること，などが含まれます。

三つ目は，感情変容の課題です。EFT では，特定の感情の問題を効果的に解決する積極技法を実証研究によって明らかにしてきました。たとえば，特定の他者（多くは養育者）との間に起こった過去の感情的傷つきが癒えない場合，その他者が空の椅子に座っていることを想像して，実際に感情を表す「空の椅子の対話」の技法を使います。

四つ目の柱はクライエントの感情的問題を個人史との関連から見定めるケースフォーミュレーションです。クライエントが困難を抱える感情や感情体験のパターンなどを同定して介入方針を定めます。

EFT では，クライエントが悩まされている感情の問題を適切に理解して，それについてただ話すだけでなく，それを実際に体験し，「感じ方」を変えていくことによって感情の問題を解決することを目指します。そのために実証的に効果が示された技法を用いて面接を進めていきます。

3. 職場における EFT の応用

職場におけるカウンセリングにおいて，EFT は有用な技法となります。仕事の現場では，さまざまなプレッシャーから，不安が起こりやすく，対

人関係から怒りやフラストレーションなども感じることが多いでしょう。しかし，これらの感情を抑えてできるだけ論理的に落ち着いて対応することが要求されるために，感情が未消化のままになってしまうことがあります。未消化な感情は，時に身体症状となったり，対人関係のしこりをつくり出します。

　EFT では，すべての感情を抑え込むのではなく，感情に触れ，理解することによって，感情と付き合う方法を体験的に身につけることができます。また，感情体験を通して自分や他者について学ぶ機会をつくり出します。自分の感情に耳を傾け，それを十分に消化することによって，しこりを残さず適切な対人行動をとることも学ぶことができます。

4．EFT を効果的に実践するために

　EFT では，問題について話すだけではなく，その問題と関わる感情を実際に体験し，その感じ方を扱ってより深く，長期的に変化を根づかせようとします。「頭で理解したがどうしても気持ちがついていかない」という状態から，「気持ちの中で整理がついた」という状態へ至らせようとするのです。感情を喚起して感情レベルでの変容を効果的に促進するためには，カウンセラーの共感やプレゼンスが重要になってきます。また，カウンセラーが怒り，悲しみ，恥，恐怖，などといった基本感情の機能や現れ方の違いについて知り，感情を扱うための実践的練習をすることも必要です。

▶さらに学びを深めるために

Greenberg, L. S. (2011). *Emotion-Focused Therapy*. American Psychological Association. 岩壁　茂・伊藤正哉・細越寛樹（監訳）(2013). エモーション・フォーカスト・セラピー入門. 金剛出版.

Greenberg, L. S., Rice, L. N., & Elliott, R. (1993). *Facilitating Emotional Change: The Moment-by-Moment Process*. New York: Guilford Press. 岩壁　茂（訳）(2006). 感情に働きかける面接技法——心理療法の統合的アプローチ. 誠信書房.

IX　ライフデザイン・カウンセリング

　サビカス（Savickas, M. L., 1947-）は，キャリア構成のためのカウンセリングとして，「ライフデザイン・カウンセリング（ライフデザイン・アプローチ）」を提唱しました（2011）。

　ライフデザイン・カウンセリングは，カウンセラーとの協動的な関係性により安心感のある環境の中で，キャリアの再構成をする課題を使って，クライエントの自己内省を意図的に促す方法であり，ナラティブの考えが基盤となっています。サビカスは30年にわたる実践経験から，具体的な方法として「キャリア構成インタビュー」（Career Construction Interview: CCI）を開発しました。ライフデザイン・カウンセリングは，概ね2回実施されます。第1回にCCIを実施します。

　CCIは，五つの主要な質問で構成されます。五つの質問は，質問①「ロールモデル」，質問②「好きな雑誌・TV番組」，質問③「好きな本，物語」，質問④「指針となる言葉（モットー）」，質問⑤「幼少期の思い出」です。

　質問①「ロールモデル」は，「6歳前後の頃，誰にあこがれていましたか？」として質問します。このロールモデルの特徴を見つめることにより，クライエントはありたい自己を理解することができます。

　質問②「好きな雑誌・TV番組」は，職業上の興味を理解するための質問であり，その人と環境の社会心理的関係性を知ることになります。クライエントが望む職場環境をわかりやすく理解するために，ホランド理論（第7章I「職業ガイダンス，キャリア教育，キャリアカウンセリング」151頁を参照）を用いて対話することもあります。

　質問③「好きな本，物語」は「今，映画や本で好きなストーリーは何ですか？　そのストーリーを教えてください」と質問します。ここで語られるストーリーには，キャリアの転機に適応する台本をつくるための実行可能なシェーマ（内的枠組み）や，人生ストーリーに一貫性をもつ包括的なテーマが出現する可能性があります。

　質問④「指針となる言葉（モットー）」は，クライエントが自分自身に与

える忠告であり，ストーリーが新しいステージに進むには，何をすべきかをクライエント自身に何度も言い聞かせる働きがあると考えます。

　質問⑤「幼少期の思い出」では次のような質問を行います。「幼い頃の思い出は何ですか？　3歳から6歳までに起きた三つのストーリーを教えてください」「その行動を起こした時に経験した気持ちに名前をつけてください」「それぞれの思い出に見出しを付けてあげましょう」。この幼い頃の思い出は，クライエントの生きる世界を理解し，クライエントが世界をどのように取り扱っているのかを理解するのに役立ちます。

　第1回目のCCIを終了した後，カウンセラーは，五つの質問から得られた材料を吟味し，クライエントのライフ・ポートレートを作成します。クライエントのマイクロ・ナラティブからアイデンティティ・ナラティブを再構成し，人生の肖像画の下描きを提示します。そこに含まれるものは，活躍したい場（舞台），キャリア・テーマ（ストーリーを構成するパターン），キャラクターアーク（主人公がもつ人生の基本的テーマ）です。

　第2回目のセッションでは，ライフ・ポートレートをクライエントに伝えて，ライフデザインをともに再構成するためのナラティブカウンセリングを行います。クライエントが内省を深め，さらに信頼性の高いナラティブをともに再構成してゆく活動により，過去の葛藤と解決を受け入れる調整，自尊心を高め人生に対するより楽観的な見方に書き換える作業となります。2回目のセッションの終わり近くでは，クライエントを未来に向けて前進させる行動計画の一覧表を作成します。行動計画に基づく情報探索や行動化には，ホランド理論や他のアプローチが併用されます。ライフデザイン・アプローチは，クライエントの中心的なアイデンティティや人生のテーマを明確にするとても有効な方法です。

▶さらに学びを深めるために

Savickas, M. L. (2011). *Career Counseling*. Washington, DC: American Psychological Association. 日本キャリア開発研究センター（監訳）(2015). サビカス　キャリア・カウンセリング理論──〈自己構成〉によるライフデザインアプローチ. 福村出版.

X ｜ マインドフルネス

　マインドフルネスとは，今の体験にありのままに気づくことです。もともとは，人生の苦悩から解放されるための方法として，仏教の伝統の中で用いられてきた心の使い方でした。それが1970年代末より医療の現場で適用されるようになり，次第にビジネスや教育の領域にも応用されるようになっていきました。

1. マインドフルネスは職場の問題にどう役立つか——————

　メンタルヘルスを悪化させる大きな要因として，ぐるぐると過去のことを考える反すう，ネガティブな未来を考える心配といった認知プロセスがあります。たとえば，上司にミスを指摘され，「こうするべきだったんだろうか」「いや，あの人が事前に言ってくれれば」と反すうし，その後「大変なことになってしまうかもしれない」「次も失敗するんじゃないか」と心配することはよくあることです。過去を振り返ることや，うまくいかない場合を予測するのは必要なことですが，多くの場合必要以上に行ってしまい，落ち込みや不安を維持するだけになってしまっていることがあります。

　このような時に，自分が思考に飲み込まれていることにハッと気づき，今ここに戻ってくるのがマインドフルネスの瞬間のひとつです。この時，考えないようにすると，結局は再び考え始めてしまうので，身体感覚などの現実に注意を向けることで，思考に飲み込まれた状態から自然に抜け出ていくのがポイントです。これを繰り返し練習すると，思考は何か実体があるわけではなく，現れては過ぎ去っていく単なる心の中の現象であることがわかってきます。

　マインドフルネスでは身体感覚を観察することも重要です。過労やバーンアウトの背景には，身体に蓄積するダメージや自身の気持ちに気づけない，といった個人の特徴も関係していると考えられます。これは，「完璧なクオリティでやらなければならない」「自分の役職ならこうあらねばな

らない」といった思考・ルールに飲み込まれている場合もあります。そこでマインドフルネスでは，身体を観察することで，身体のダメージや自分の気持ちに気づきやすくします。また，身体の感覚を見守ることを練習し続けると，嫌な感覚，感情とともにいる能力が育まれます。この結果，感情に駆り立てられることなく，必要に応じて休養をとる，あるいは適切な行動をするなどの賢い選択がしやすくなります。

2. マインドフルネスの練習方法

マインドフルネスの基礎トレーニングとして，カウンセリング場面でも伝えやすい 3 ステップの瞑想法を紹介します。

まず姿勢をつくります。腰を立てて，背筋を伸ばし，あごを軽く引きます。椅子に座っていたら，両足をしっかりと床につけ，少し浅めに座り，自然に真っ直ぐな姿勢をとります。目は静かにつぶっていくか，薄目にして視線を落とします。

3 ステップの瞑想法

ステップ1：初めに少し時間をとって，自分の状態を確認します。今どんな気分か，身体で体験している感覚は何か，どんな思考が出ているかに気づきます。

ステップ2：呼吸のたびに膨らんだり縮んだりするお腹の感覚に意識を向けます。どんな感じが生じているんだろうと，穏やかな好奇心をもって観察することがポイントです。

ステップ3：気づきの範囲を広げて，全身のいたるところで生じている感覚に気づきます。

この方法は，仕事の合間に数分で行うこともできますし，毎日決まった時間に行っても良いです。決まった時間に練習する場合，3 ～ 10 分ほどから始め，もしできそうならば，実践時間をのばしていきます。練習を始めて最初のほうは，ステップ2までで呼吸に集中するのを練習し，ある程度意識が呼吸に留められるようになったら，ステップ3を行うのでもかまいません。

　また日常でも，生活における動作（歯磨き，歩行など）の中から何かひとつ決めて，動作中の感覚に意識を向けるといった練習をします。

　こういった訓練を繰り返すことで，日常生活で問題が生じる肝心な時に，気づきが生じ，新しい選択がしやすくなっていきます。

▶さらに学びを深めるために

> 熊野宏昭（2016）．実践！マインドフルネス──今この瞬間に気づき青空を感じるレッスン．サンガ．
> 佐渡充洋・藤澤大介（編）（2018）．マインドフルネスを医学的にゼロから解説する本──医療者のための臨床応用入門．日本医事新報社．

XI　フォーカシング

　人間が自分らしく生きていくため，「今の自分は本当に自分らしい」と実感して生きていくためには，「自分の内側」と深くつながりながら生きることが必要です。自分の内側としっかりつながって，自分の内側の声を聴きながら生きる。自分の内側に響かせながら，確かめ，確かめしながら生きる。その積み重ねにおいて，「これが私の本当にしたいことだ」と実感しながら生きることができるようになるのです。

　フォーカシングは，人がそのように生きることができるようになるのを援助する方法です。したがってそれは，カウンセリングの一技法というよりも，あらゆるカウンセリングの「コア（核心）」をなすものです。なぜなら，どのカウンセリングも，本来，クライエントの自己実現，より自分らしく生きていくことを目指しているはずだからです。そして，自分らしさの実感をもって生きるには，「自分の内側」としっかり深くつながっていること（フォーカシングしながら生きていること）が不可欠です。

　効率性や合理性を重要視し，自分の内側から離れて生きている時，人は自分らしさの実感を持つことができなくなっていきます。自分が何だかよくわからなくなり，自分を見失っていくのです。自分らしさの実感を取り

戻して生きていくには，自分の内側としっかり深くつながり直すことが必要です。

　カウンセリングにおいてクライエントの方が，たとえば頭でっかちに分析的に話し続けたり，事柄の詳細を語ることに終始しているならば，それは結果的に有意味なカウンセリングにはなりにくいことを，ロジャーズの共同研究者であったジェンドリン（Gendlin, E. T., 1926-2017）らは見出しました。その逆に，クライエントにとって有意味で成功とみなされるカウンセリングに共通する要因として，クライエントが自分の内側とつながって，自分の内側のあいまいな感じ（フェルトセンス）に触れながら語っていることが示されたのです。クライエントは，「自分の内側」から新たな何かが出てきそうになっていると感じた時に，言葉を詰まらせ，「うーんそれは……」と自分の内側の暗黙の側面にしっくりぴったりくるような言葉やイメージを探してつむぎ出そうとしていたのです。

　有意味で成功するカウンセリングに共通してみられたこの現象——クライエントが自分の内側のあいまいな感じ（フェルトセンス）に触れながら語っていること——をジェンドリンは「フォーカシング」と名づけました。そして，自分に起きた出来事を説明的に語ることや分析的に語ることに終始してなかなか自分の内側に触れられないクライエントが，よりダイレクトに自分の内側に意識を向け，それに触れながら語ることができるようなさまざまな提案や試みを行っていく方法を「フォーカシング指向心理療法（Focusing Oriented Psychotherapy: FOT）」と呼んだのです。

　フォーカシングはしたがって，カウンセリングや心理療法においてのみ必要とされるものではありません。クライエントにとって新たな発見があり成功につながるようなキャリアコンサルティングやコーチングにおいても，クライエントは必ずといっていいほど，話をしながら自分の内側に触れて，しっくりくるような言葉やイメージなどを探しています。新たな内面的な気づきや発見があるキャリアコンサルティングやコーチングにおいて，フォーカシングはおのずと——多くは無自覚のうちに——その核心となっているのです。しかしそれらの多くは，自覚的に用いられていません。

　フォーカシングを自覚的に導入することによって，カウンセリングや心

理療法，キャリアコンサルティングやコーチングは，ぐっと「深まって」いきます。クライエントが自分の内側の暗黙の側面に触れ，自分の内側深くにぐっと入っていくことで，自己探索的な色彩が強まります。そしてクライエントが自分の内側深くに触れながら語ることからふと出てきた答えは，クライエントにとってより深い納得感のある答えとなっていくのです。

▶さらに学びを深めるために

諸富祥彦（編）（2009）．フォーカシングの原点と臨床的展開．岩崎学術出版社.

XII　プロセスワーク

　さまざまな心理学の方法の中でも，働く人が自己の生き方やあり方について考えていく時の最も有効なアプローチのひとつが，アーノルド・ミンデル（Mindell, A., 1940-）が創始したプロセスワーク（別称：プロセス指向心理学）です。深い心理的問題を抱えたクライエントを対象にした臨床的方法としても，健常な人の自己成長を促進する方法としても他のアプローチを凌駕する威力と魅力を持っています。

　プロセスワークでは，「人生の流れに自覚的に従う」というシンプルな原則を徹底的に重要視していきます。「今・この瞬間に起きていること」のすべてに，それが何であれ，意識を向け，自覚の目（アウェアネス）を持ってそこで起きているプロセスと流れに従っていく，という姿勢を貫いていくのです。

　プロセスワークでは，聴覚（音や言葉），視覚（夢やイメージ），身体感覚，動作，身体症状，人間関係，世界との関わり，一見偶然起こった出来事など，あらゆるチャンネルに開かれ，あらゆる角度から「今，ここで起きていること」をとらえていきます。そこで貫かれているのは，「今，起こっていることには意味がある」という考えであり，「意識を向け，自覚を向けられたならばプロセスはそれ自体で変化し展開していく」という考えです。たとえそこで起きていることが「慢性の身体症状」「ひどく悲しみ

に満ちた人間関係」「依存症」といった，一般には否定的にしかとらえられ
ない出来事であっても，そこで起きていることのすべてを，何か大切な意
味と目的を含み持つものとしてとらえ（目的論的視点を保ち），ていねい
に，かつ深く意識を向けて自覚的に従っていくならば，そこから新たなプ
ロセスが展開してきて，私たちに重要なメッセージを運んできてくれるの
です。

　プロセスワークでは，また「一次プロセス」（「それは自分である」と同
一化しているプロセス）と「二次プロセス」（「それは自分である」と同一
化していないプロセス）とを相対的に区分し，両者の間に存在し自覚（気
づき）に至るのを妨げているものを「エッジ」と呼びます。プロセスワー
クでは，自らの「一次プロセス」「二次プロセス」「エッジ」のいずれにも
自覚の目（アウェアネス）を向けていくのを援助していきます。

　たとえば，ある 30 代の女性は，職場での人間関係のことで相談に来ら
れました。自分では，自分のことを「穏やかで，周囲の人との調和を第一
に考える性格」だと思っており（一次プロセス），職場での人間関係に気
を遣っていたのですが，何だかうまくいっているようには思えません。同
じ部署の同僚，特に少し上の先輩とチームを組んで仕事をしていると，な
ぜか嫌な気分になり，頭痛や肩こりがひどくなって（二次プロセス），会
社を休みたくなってしまうのです。

　カウンセリングを受けている時，自分でも気づかないうちに，いつの間
にか，「手を前に押し出すような動作」を何度も行っていました（二次プ
ロセス）。そこで，カウンセラーはフィードバックを行い，今度は彼女に，
この動作を意識的に行ってもらうように頼みました。ぼんやりした意識を
保ちながら何度もこの「手を前に押し出すような動作」を繰り返しても
らっていると，突然，彼女に「大嫌いな，ある会社の先輩の姿」が浮かん
できました。しばらく，そのままその動作を続けてもらっていると，彼女
は突然笑いだしました。彼女はその先輩の「押しが強すぎるところ」が大
嫌いだったのですが，どうやら自分にも，その先輩と同じように「押しの
強いところ」があることに気づいたというのです。「そうか，私はもっと，
自覚的に，押しが強くなれればいいんだわ！」。そして，この言葉を繰り

返しながら，「手を前に押し出す動作」も続けていると，なぜか，頭痛や肩こりも軽くなっていくように感じられた，というのです。

　こうして彼女は，自分が「これまで生きてこなかった自分の半面」を，もっと十分生きることができるようになっていったのです。

▶さらに学びを深めるために

Mindell, A. & Mindell, A.（1992）. *Riding the Horse Backwards: Process Work in Theory and Practice*. Penguin Arkana. 藤見幸雄・青木　聡（訳）（1999）. うしろ向きに馬に乗る――〈プロセスワーク〉の理論と実践. 春秋社.

参考・引用文献 ――――――――――――――――――

〈Ⅲ. 認知行動療法〉
粟竹慎太郎・熊野健志・福井健人・福永圭佑・福井　至（2018）. 自主シンポジウム：認知行動療法を用いた SE のためのメールカウンセリングシステムの開発と効果の検証. 日本産業カウンセリング学会第 23 回（国際）大会論文集, 19.

福井　至（2016）. 新シニア育成講座講師インタビュー　科目 No. 1：認知行動療法. JAICO 産業カウンセリング, **340**, 28-29.

Imamura, K., Kawakami, N., Furukawa, T. A., Matsuyama, Y., Shimazu, A., Umanodan, R., Kawakami, S., & Kasai, K. (2015). Does Internet-based cognitive behavioral therapy (iCBT) prevent major depressive episode for workers? A 12-month follow-up of a randomized controlled trial. *Psychological Medicine*, **45**(9), 1907-1917.

van der Klink, J. J., Blonk, R. W., Schene, A. H., & van Dijk, F. J. (2001). The benefits of interventions for work-related stress. *American Journal of Public Health*, **91**(2), 270-276.

〈Ⅴ. 交流分析〉
Berne, E. (1961). *Transactional Analysis in Psychotherapy: A Systematic Individual and Social Psychiatry*. New York: Grove Press.

Berne, E. (1972). *What Do You Say after You Say Hello?: The Psychology of Human Destiny*. New York: Grove Press.

Joines, V. & Stewart, I. (2002). *Personality Adaptations: A New Guide to Human Understanding in Psychotherapy and Counselling*. Nottingham & Chapel Hill: Lifespace. 白井幸子・繁田千恵（監訳）（2007）. 交流分析による人格適応論――人間理解のための実践的ガイドブック. 誠信書房.

繁田千恵（2003）. 日本における交流分析の発展と実践. 風間書房.

第3章 職場で働く人にカウンセリングを理解してもらうために

　カウンセリングは身近になり，積極的に利用される人がいる一方で，まだまだ職場内で受け入れられない現状も多くみられます。カウンセリングを受けていることが職場に知られたら，「次のプロジェクトを任せてもらえないのでは」「昇格などに不利になるのでは」という不安を覚える方々も少なくなく，カウンセリングのハードルを上げています。いかにカウンセリングを理解してもらうか，実際に有効活用をしてもらえるかについてお伝えしていきたいと思います。

1. 理解されていないケース

　冒頭でも述べたとおり，カウンセリングに対してマイナスイメージをもつ大きな理由のひとつに，カウンセリングを受けること＝こころの病気（精神病）である，という間違った認識が根強くあるのを感じます。それゆえに起こる抵抗感は強く存在します。周囲はもとより，本人も「自分は病気ではないから受けたくない」という拒絶反応がある場合も多くあります。カウンセリングの制度が整い，理解のありそうな企業であっても，個人的に話をすると，「カウンセリングなんて受けるようじゃ駄目だ」と根性論のような話をする方もいらっしゃいますし，実際にカウンセリングを受けにくる方の中からも，上司に言われてしぶしぶ来たが「**こんなところに来ていることを職場の人に知られたくない**」「**そもそもカウンセリングなんて受けるようになってしまった自分がみじめだ**」とおっしゃる方もいます。

　ある程度の知識をもっていたり，心理学の勉強をされている方を除き，この傾向は強くあります。しかも，心の不調は目に見えないので，必要以上に想像力を働かせる傾向が強く，大げさにとらえ「あいつはもうダメ

だ」とレッテル貼りをされてしまうことも残念ながらあるのです。身体の風邪は治るのに，なぜ心の風邪は治らないと決めつけてしまうのでしょうか。知らないということは，勝手な解釈をしているということでもあります。これは由々しき事態です。

2．理解されているケース

反対に，非常にうまくカウンセリングを取り入れている現場もあります。

(1) 入社（入職）1年以内に必ず一度カウンセリングを受ける

入社して日の浅いうちに，必ず一度は，社内（もしくは会社指定）のカウンセリングルームに出向くという制度を実施している企業があります。その目的は，もちろん，新しい職場に入って環境の変化による気持ちの揺れや，実際に思いを受け止めるということもありますが，以下の役割があります。

- ●カウンセリングルーム（相談室）がどこにあり，どんなカウンセラーがいるのかを体験すること。
- ●カウンセリングを体験してもらい，切羽詰まった悩みがあるとか，心身の不調がなくても，訪ねてよい場所だということを知ってもらうこと。
- ●必要な時にカウンセリングを受けるための方法（予約の仕方など）を確認すること。

人間，初めてのことはとかくハードルが高く，やったことがないことや入ったことがないところに足を踏み入れるのは，誰しも勇気がいります。特に，心身の状態が悪くなってからそれを行うのは，至難の業でしょう。

ですから，こうした機会を通じて，カウンセリングを身近なものとして，とらえてもらいやすくなります。実際，何かあったら話す場所があるという安心感だけでも，気持ちにゆとりが生まれ有効な場合もあり効果を上げています。

(2) 管理者が，積極的にカウンセリングに出向くよう促す

また，職場の中でお互いに声かけをし合って，カウンセリングを利用している例もあります。

上司が部下に対し，少し元気がないと感じたり，遅刻や欠勤が増えるなど，「いつもと違う」と感じた時に，カウンセリングに出向くように積極的に声かけをし，必要部署に取り次いで日程調整をします。上司本人が，部下の変化を直接感じ取ることのできない現場でも（出向していたり，物理的に部屋などが違い普段の業務の様子がわからない場合など），部下の周りの人からの話を聴いて，促すこともあります。声かけの際は，一大事という深刻さではなく「ちょっと行ってみるといいよ」というライトな感覚で促しているのが，成功の秘訣だと感じます。不調で訪れる職員も決して後ろ向きな感じで相談にみえることがありません。それは，カウンセリングを実際に受けた職員が，「気持ちが晴れるから行ってみるといいよ」「自分と向き合う良い時間になるよ」など，プラスの感想を職場内で共有していることも影響していると思います。

特別なことではなくて，誰でも気軽に利用していいんだという，共通認識がそこに生まれると，「考えがまとまらないのでカウンセリングを利用する」など自分自身に向き合うことを目的として利用するケースも増え，仕事に意欲がわき，業務に前向きに取り組めるといった相乗効果もみられます。

3. 理解してもらうために―――――――――――――――

では，実際にどうしたらよいのでしょうか。

まずは，カウンセリングは何かということを正しく理解してもらうことが必要です。重大な悩みがなくても，ひどい不調ではなくても，誰でも気軽に訪れる場であることを知ってもらうことです。

そのためには，企業内カウンセラーであれば，常勤ならもちろんのこと，たとえ月に数回の訪問であったとしても，相談室で待つだけではなく，職場巡回をして顔を覚えてもらう，挨拶を交わすなどして，来談者の抵抗感を弱めることが必要です。また，社内報や定期的なお知らせなどの

コラムを書くなど，心の健康に関することを発信し，存在をアピールする必要があります。相談室（カウンセリングルーム）の存在を把握してもらい，親近感をもってもらうことが大切です。

　社外であれば，利用方法や場所などをわかりやすく，継続的に案内し，周知徹底することが必要です。人事や労務が発信していると思っていても，受け手の職員は，自分に関係ないと思うことは無意識に受け流してしまう場合が多いので，担当者が思っているよりも認知度が低い場合があります。ですので，繰り返し，折に触れて伝えていくことが大切です。また，社外の場合は，利用する時間帯が平日の日中だと，業務を抜けていくことが難しい場合も多く，相談室の存在が形骸化してしまいがちです。平日なら夜，仕事が終わった後に利用できる時間，もしくは，土日など，業務時間以外の利用が可能でないとなかなか利用は進みません。職員が受けやすい条件のところと契約することが求められます。

　外部委託だと，相談者の一定のカタルシス効果（心の整理や浄化）には役立っても，実際の業務調整や環境改善に結びつけることが難しいので，どのように連携をとっていくかを，しっかりと取り決めておくことも重要です。

　いずれにしても，管理者の立場の人間や上司に，カウンセリングに対するマイナス見解があれば，部下は，どうしても影響を受けます。管理者に理解がなければ，職場全体にその意向が伝搬しますので，そのためには啓発的な研修が必須です。

　カウンセリングを正しく理解してもらうためには，全職員に向けての教育と，相談制度の具体的な利用方法をわかりやすく発信し続けることが大切です。

▶さらに学びを深めるために

大野萌子（2015）．わたしの仕事6　産業カウンセラー．新水社．

職場での悩み

I 人間関係がうまくいかない

　長年，企業内のカウンセリングをしている中で，最も多い相談が「人間関係に関すること」です。相談にみえた当初の主な訴えとしては，「体調が悪い」「仕事が向かない」「モチベーションが上がらない」「仕事量が多すぎて辛い」など，自分自身に関する何かしらの心身の不調を訴えてくるクライエントも，話を聴いているうちに，「上司や職場の人との関係」「取引先や関係先との関係」「知人や友人，家族」と，人間関係の問題に行き着くことが圧倒的に多いのが現状です。

　その中でも，職場においては，やはり職場の人間関係で悩むケースが顕著です。「大変な状況にもかかわらず上司にわかってもらえない」「辛くあたられる」などの関係性の中で起こってくるものや，「相談する相手がいない」「職場に自分の居場所がない」など関係性そのものを築くことができないケースも見受けられます。いずれにせよ職場環境イコール人間関係とも言え，コミュニケーションの在り方についての認識や改善が求められます。

　また，自分に問題があると認識する「自責傾向」の場合と，自分に問題はなく，周りの他者に問題があると認識する「他罰傾向」の場合の2タイプに分かれる傾向がみられます。

　特に前者では，注意しなければならない点もあり，それぞれの対応方法の違いを挙げてみたいと思います。

1. 自責傾向が強いケース

　「上司にいつも怒られてしまうのは，自分がミスをするからだ」「周りの

みんなに受け入れてもらえないのは，自分に社交性がないからだ」といった具合に，いま，自分が置かれている辛い状況において，その原因が「自分」にあると認識して，「辛い状況にあるのは，自分が悪いのだから仕方がない」といった自責傾向のクライエントが一定数います。自分だけを責めるような論理展開をするクライエントに関しては，よりいっそう，細やかな対応が望まれます。

なぜなら，上司や，周りの人からの理不尽なハラスメントや不当な扱いを受けている状況が隠れている場合があるからです。気持ちを受け止めることは最優先ですが，実際にどういった状況なのかをリサーチすることは必須です。自分が悪いと思い込んでいるクライエントは，周りから理不尽な扱いを受けていても疑問を感じないことがあります。些細な失敗などで，自尊心を打ち砕くような関わりや，脅迫的な物言いなどを受け続けていると，知らず知らずのうちにマインドコントロールに陥っていることもあり，それにすら気づかないことがあるからです。

そのような場合には，早めに察知して対策を講じなければなりません。必要に応じて，上司や周りの職員の面談や，関係先との状況を把握することも大切です。自分が悪いと表面的に言うのではなく，話の中で一貫してその傾向が強い場合は，何かしらのサポート（人事異動や担当業務の変更など）が必要なケースも出てきますので，より積極的な関わりが求められます。

また，うつ傾向が強まっているケースもありますので，日常生活の様子や勤務状態も把握したいところです。既往歴を含め，睡眠，食事等の基本的なことや，帰宅後の様子や休みの日の過ごし方なども確認し，事業所内健康保険スタッフ（保健師等）や産業医との連携を含め，経過観察していくことをお勧めします。自ら継続的に来談されないからといって安易に放っておかず，自責タイプのクライエントには，積極的なケアが必要です。

2. 他罰傾向が強いケース

また反対に，人間関係トラブルの原因に関して，自分に落ち度はなく，辛い状況に陥っているのは，他者のせいだと主張するケースもあります。

「自分を評価しない上司が悪い」「自分だけが理不尽な扱いを受けている」「周りは無能なやつばかり」という認識で，とにかくこんな状況は辛いので，何とかしてほしいといった具合に訴えてきます。要求が強く，エネルギーが高い場合が多くみられます。

　職場への不満感や不全感を抱えている傾向が強く，こういったクライエントに対しては，十分な気持ちの受け止めをすることで，安心感をもってもらうことが大切です。気持ちを受け止めてもらうことで，承認欲求が満たされて落ち着くケースが多々みられます。それを繰り返していくうちに「自分にも，もしかしたら足りないところがあったのかも」と自分に意識が向いてくるようになると，解決は，時間の問題です。

　意識が変わることによって，クライエント自身の行動も変わってきますし，カウンセラーが，少しの変化や取り組みを支持する対応を忍耐強く続けることで，周囲との人間関係が改善していきます。

　もちろん，対処すべきハラスメントを受けている場合はサポートや速やかな対応も必要ですが，高エネルギーのクライエントは，カウンセラーの力を借りずとも，自分で必要部署に訴えたりしていることも多くみられます。

　本人の立場にもよりますが，高エネルギーで，自分勝手なクライエントには，周囲の人間も耳を傾けようとせず，職場の中で浮いてしまうこともあるので，不満感がたまりにたまっている場合があります。大いに思いを吐き出してもらうことで，改善されるケースは多いです。

3. 自己表現（伝えること）が苦手

(1) 表情が乏しい

　また，人間関係がうまくいかない方々の特徴に自己表現が苦手という傾向があります。

　まずは，表情ですが，喜怒哀楽に乏しく変化がありません。

　特に視覚情報の要となる「表情」が，相手に及ぼす影響は大きく，あなどれません。人は，怒りの表情よりも「無表情」に圧迫感や緊張感を感じます。相手が，何を考えているかわからないことに不安を覚えるからで

す。にもかかわらず，無表情の本人は，そのことを認識していないことも
あります。真面目な方ほど，相手に真摯に向かい合おうとするあまり，真
剣になりすぎて表情が硬くなる場合もありますし，自分の表情を見る機会
がなかなかないので，気づかずにいる場合も多く見受けられます。

　企業研修などで，ある感情（「楽しい」「怒っている」など）をもとに挨
拶や短いフレーズをほかの人に伝えてもらい，どのような気持ちで言って
いるのかを当ててもらうワークをすることがあります。本人が思っている
以上に，自分の思っている気持ちが相手に伝わらず（当ててもらえず），
困惑している場面をよく目にします。

　怒ってもいないのに「怒ってる？」と聞かれたことのある人や，機嫌が
悪いと勘違いされることがある人には，自分の表情に気をつけるだけで
も，ずいぶんと周りとの関係性が改善されることに気づいてもらうことが
必要です。対人関係が苦手で緊張しやすい人も，表情が乏しくなる傾向が
あります。

　常に笑顔でということは職務や性格によって不可能なことも多いです
が，せめて表情を動かすイメージをもっていただけるだけでも効果的で
す。まずは，ご本人が他者に対する対応について意識を向けてもらえるよ
うにできるとよいかと思います。

（2）あいまいな伝え方

　次に伝え方ですが，日本人は，とかく相手に「察してもらう」ことを要
求しがちで，「このくらいのこと言わなくてもわかるだろう」「わかってほ
しい」といった思いを抱えがちです。ですので，相手に足りない部分を
補ってもらうような中途半端な伝え方をしやすくなります。その結果，
まったく理解してもらえなかったり，相手が勝手な解釈をしたりすること
によって，すれ違いが起こりやすくなります。

　たとえば「なるべく早く」という指示をどの程度の時間か，とらえる感
覚は人それぞれです。「すぐに」の意味で使う人と「その人のできる範囲
で」ととらえる人といます。さらに，その「できる範囲」も人によって大
きな時間差が生じます。このように各自，感覚の違う言葉を使ってやり取

りをして，自分の思い込みで判断すると，相手との間に大きな溝ができます。こうしたすれ違いが頻繁に起これば，信頼関係を築きにくく，人間関係がスムーズに運びません。「言ったのにわかってもらえない」と訴えてくるクライエントには，伝え方に問題のあるケースも少なくありません。もちろん，伝える側，聞く側，お互い様の場合もありますが，自分自身の相手への接し方を，今一度見つめられるように促すこともひとつの解決策です。自分の他者への関わり方を見つめ直し認識すること，関わり方を具体的にわかりやすくすることなど，少し視点を変えるだけで，人間関係の改善につながるということを知ってもらうことも大切です。

　ハラスメントのように，介入が必要であったり，緊急のサポートを要する案件を除き，クライエントの訴えてきている不調の根本原因を考えてもらうよう促すことも，職場におけるカウンセラーの大切な役割です。

▶さらに学びを深めるために

大野萌子（2017）．言いにくいことを伝える技術．ぱる出版．

Ⅱ　部下の扱いが難しい

　ひとりでも部下が存在すれば，部下の扱いについて悩むことが出てきます。

　「最近の若い人は……」というのは，いつの時代にも存在する世代間ギャップですが，最近は，よりいっそう，部下の扱いに対して思い悩む傾向が強くみられます。

　「ちょっと注意しただけなのに，翌日から仕事に来なくなった」「ミスを指摘したら，泣き出した」といった社会人として不可解な行動をとる人がいて，対応に困っているという相談は，もはや珍しいものではありません。

　こうした社員に共通するのは，社会性が未成熟だということです。社会性を身につけるといっても，それまでの環境に影響されるわけで，会社が

どこまで教育をするかというと難しい部分もあるのですが，やはり人材育成の一環として見て見ぬふりはできないと思います。

　社会性が未熟な理由は，高学歴の人ほど，大事に育てられ世間知らずでプライドが高いからといわれたり，放任されて育ったために承認欲求が強く問題行動につながるといわれることもあります。どちらもありますし，それ以外のもパターンもたくさんあります。原因はさまざまですが，いずれにせよどのように対応していくのかが大切です。

1. 部下との関わり方の視点を変えてみる

　部下の立場の方々とのカウンセリングの中で，「上司には言っても無駄」と訴える人が多くいます。

　「上司に言ってみたけど，その時の対応があまりにひどく，もう言っても無駄だと思った」

　「上司に何度か伝えたけれど，何も変わらなかったので，聞く気がないのだと思った」

　これらから見えてくるのは，上司の「聞く姿勢」です。突然問題が起こったように感じる上司にありがちなのですが，それまでの部下からのサインを見逃してしまっているケースが散見されます。

　よく，コミュニケーションはキャッチボールだという表現をされますが，通常，本来のキャッチボールは，平らなグラウンドのような場所で行われます。しかし，会社組織の中では，上下関係が存在するので，上司と部下の関係であれば，まず平らなところでのキャッチボールはありえません。イメージとしては，建物の1階と2階，入社まもない社員なら，1階と3階でキャッチボールをする感覚かもしれません。要するに，上からのボールは，軽く投げたつもりでも球威が強くなりがちで，相手の取れそうな場所に投げないと，そもそも取ることすら難しく，反対に部下の立場からは，下から上にボールを投げ上げなければならず，かなりのエネルギーと，よりいっそうのコントロールが要求されます。一生懸命に投げても上に届かないこともあるわけです。

　そのやり取りのイメージを，上司の立場の人はもってほしいと思いま

す。「聞いている」と思っていても，実際にはそうでないことも多く，忙し
い部署ならなおさらです。

　もうひとつは，「上司に話したいのにタイミングが合わない」「上司が忙
しくしているので，いつ声をかけてよいかわからず，問題を大きくしてし
まう」という訴えです。

　このような訴えのあるケースの上司に話を聴くと「質問があるならいつ
でも言ってくるように伝えている」「何でも聞いてと言っている」と答え
ることが多いのですが，それが問題です。質問は，ある程度わかることに
しか生まれません。質問すらできない状況を放っておきながら「質問があ
れば……」というのはあまりにも乱暴です。

　新入社員はもとより，異動してきた社員，また，今はどこも人手不足な
ので，それに伴い今までやったことがない業務の追加など，新しい業務に
携わらなくてはならない機会が増えています。「前の資料を見ながら，同
じようにやって」と言っても，理解できないことも多々あるのです。意を
決して質問しに行っても「前のを見ればわかるから」と強く言われてし
まっては，もうそれ以上聞きに行くことを躊躇してしまう心境になりま
す。極端な例を挙げると，朝一番で生じた疑問が，とうとう就業時間内ギ
リギリまで尋ねられず，一日，机の前でいつ聞きに行けばいいのかと，そ
れだけを考えて時間を過ごしたという話を聞いたこともあります。これが
現実です。職場は教育機関ではないことは，十分に承知していますが，関
係性を構築するまでは，積極的に上司から声かけをすることも重要です。

2. 職場以外の関係を見直す

　就業時間内は忙しく，お互いのことをよく知るための関わりもできず，
かといって就業時間以外の時間をとって話をすることも最近難しくなって
きました。

　プライベートの時間を大切にとか，ワークライフバランスという言葉に
象徴されるように，仕事は仕事，職場を離れたら職場の人とは関わりたく
ないといったことも聞かれるようになり，就業時間外に拘束したり，個人
的に飲みに誘えばハラスメントと言われないかなどと，必要以上に気を遣

うことが増えているようです。

　確かにそういう側面はあるとは思いますが，頻度や時間にもよると思われます。なぜなら，現場で面談を行っている 20 代 30 代の年齢層を中心に「上司に飲みに誘ってほしい」という人が，「誘われたくない」を圧倒的に上回っているからです。業種，職務に限らず，こういった傾向がみられます。

　職場の中では，込み入った話もできないので，飲み会のような場があれば，自分のことを知ってもらえる機会になるし，上司のことや仕事のことも教えてほしいと，素直にそう考えている人はたくさんいます。

　もちろん，飲み会と一口に言ってもさまざまなとらえ方があると思います。大勢でワイワイするのと，少人数でじっくり話をするというのはまったくイメージも違います。どのような飲み会が適切かは，ケースバイケースだと思いますが，部下が「話をする場」を求めていることは確かです。

　お酒が飲めない人とは，居酒屋でなくとも，軽い食事やカフェもありだと思いますし，短時間でもよいのではと思います。場合によっては，昼休みを少し長くとってランチをゆっくりなどの方法もありますし，社内の会議室などでコーヒーを飲みながらでもいいのかと思います。時代に逆行しているといわれるかもしれませんが，実際に，何時間も費やした会議で決まらなかったことが，一回の飲み会であっさり決まってしまうこともあるのです。

　一昔前まで頻繁に行われていた運動会や社員旅行は，その人の人となりを理解することで，仕事上の関係もスムーズにする一助となる効果もありました。職場以外での接点がお互いの関係性をまた違う角度から構築できたのです。

　相手をよく知らないということは，緊張感を生みやすく勝手な想像で相手を決めつけてしまうことにもつながります。お互いに相手を知る場が必要です。どのような方法が良いのかは，会社のカラーや職場の雰囲気によって違うと思いますが，積極的に「話をする場」をもつことが，ひとつの方策として有効でしょう。

3. （とはいえ）必要以上に関わらない

　積極的な関わりが必要ではあるのですが，良かれと思ってやったことが問題を起こしてしまうこともあります。

　要するに，無理矢理に誘う，断られたにもかかわらず頻繁に誘う，上司が自分の話ばかりをする（説教も含め），SNS でつながり高い頻度でコメントする，LINE アカウントを聞きスタンプ等を頻繁に送るなど，上司側の勝手な押しつけで，相手との距離を縮めていると思い込むのは危険です。独りよがりにならず，相手のことを見ることが大切です。

　これらは，部下に限らず人との距離感の問題です。管理職は，仕事のノウハウに加え，より高度なコミュニケーション力が求められるのです。管理マネジメントの要は，コミュニケーション能力とも言えます。困った人への対応を考えた時に，まずは，自分の関わり方を見直してください（第5章Ⅳ「コミュニケーション研修」116 頁を参照）。

4. 平等性を大切に

　個性や性格などさまざまな部下がいて，なおかつ，ちょっとしたことで休んでしまうなどの部下がいると，どうしても腫れ物に触るように特別扱いをしがちです。

　適切な対応をとることは必要ですが，特別扱いは禁物です。場合によっては，本人の依存度を高め，より悪い状況に陥ってしまうこともあります。また，上司が，該当者に特別な行動をとることで，職場全体の士気が下がります。言葉は悪いですが「ごね得」のような感覚をほかの社員たちにもたせてはなりません。周りの社員からも不平が出ることがないように，問題が生じた場合は，ほかの職員の声にもしっかりと耳を傾けてください。たとえ，どうにもならないことであったとしても，上司が自分たちの状況をきちんと理解し，わかってもらえているという感覚が，部下のモチベーションを保つことにつながります。

▶さらに学びを深めるために

> 大野萌子 (2014).「かまってちゃん社員」の上手なかまい方. ディスカヴァー・
> トゥエンティワン.

Ⅲ　仕事に意欲がわかない

　仕事に意欲がわかない，向かない，辞めたいという相談も多く寄せられるもののひとつです。意欲がわかない原因は多岐にわたり，それぞれなのですが，その多くが人間関係に起因しているといえます。なぜならカウンセリングを進めていくうちに，意欲がわかない原因として語られることに，他者からの「承認を得られない」というところに行きつくことが多いからです。「自分を認めてもらえない」「評価してもらえない」「居場所がない」といったことから，だんだんと意欲低下がみられるケースがあります。

1.　やりたいことをやらせてもらえない

　新入社員に多いのですが，入社時面接の時に企画をやりたいと言ったら「一緒にやりましょう」と力強く言ってくれたのに，事務的な仕事しかやらせてもらえないといった，所望の職種もしくは職務につかせてもらえないという不満を訴えてくるケースがあります。
　入社後すぐの若手に重要な仕事など任せてもらえないとわかるはず，といった正論は通じません。本人にしてみれば「裏切られた感」が強いのです。それが，自分自身に正当な評価をされていないといったところまで行きつきます。自分を認めない会社にいたくないというわけです。自分を中心に世界が回っているので，周りが見えていません。まずは，気持ちを受け止めることによる承認を重ね，自分自身を客観的に見つめることができるように自己理解を深める関わりが必要になります。
　また，本社採用されたのに，いきなり出向になり別会社の業務についているといったことで，モチベーションを下げるケースも多いです。これはやはり会社側の意向をきちんと説明するといった手順を割愛してしまうた

めに起こることかと思います。人事異動は突然に必要になることもありますが，できる限り本人に事前にアナウンスする必要があるのではと思います。人事異動，配属先の変更前にカウンセリングを導入する企業もあります。

　人事異動そのものが変わることはありませんが，業務や職場が変わることに対してのソフトランディングを目指し，本人の気持ちを言う場を設けるわけです。現実は変わらないのですが，思ったことを受け止めてもらえる場があることで，本人の気持ちの整理はつきやすいと感じます。

2. 上司が尊敬できない

　自分が叱責されるわけではないのだけれど，上司が他の人を怒鳴っているのを見たり，聞いたりするだけでも気持ちが沈む。このような環境では，仕事のモチベーションが上がらない。

　こうしたケースは，年齢層，男女を問わずあります。要するに上司が尊敬できず，目標となるべきロールモデルがいない状態です。同じように，上司が全然仕事をしない，いい加減だといったような訴えのこともあります。上司があまりに熱血でもまた別の問題はあるものの，ある程度模範となるような人物がいないと，こんな会社で自分は大丈夫なのだろうかと今後に不安を覚える人は多くいます。

　しかし，そんな中でも仕事に対する有意味感をもてるようになると変わってきます。そのための働きかけは，本来は上司の仕事でもあるのですが，どんな状況下においても価値を見出すための意識を育むことを根気強く行うことも大切で，それはカウンセリングの中でも十分に可能でしょう。

3. 一生懸命やっているのに評価されない

　「褒めてもらえない」といったやんわりしたものから，定期面談での評価が悪かった，ボーナスの査定が悪かった，同期が先に出世した，などをきっかけに意欲を失うケースもあります。この場合は，本当は能力があるのに評価されない場合と（この場合は，パワハラの問題が隠れているので，要注意です〈第4章 X「パワハラかもしれない」82頁を参照〉），どち

らかと言えば，本人の評価と他者の評価に隔たりがある場合に分けられます。後者は特に，自分自身を過大評価していて，「こんなにやっているのに」「こんなに能力があるのになぜ」といった，自分を評価しない上司への不満を抱えています。まずは，自己理解が大切ですが，他者評価をいかにうまく伝えていくかが課題となります。最終的には，上司との話し合いを促すのですが，その前に，クライエント自身の気持ちの整理を行わないと，上司の話も耳に入ってこないので，抱えている気持ちをはじめ，仕事の状況についても具体的に整理できるようサポートをします。

　カウンセラーとしては，上司側にも，部下の認めるところは認め，改善点は明確に伝えてもらうようにアドバイスすることもあります。

　また，仕事のプロセスは大事でも，成果を出してこその仕事もあるので，職務によっては，責任感をもってもらうことも必要になってきます。締め切りを守る，ノルマを達成するといった組織にいる人間としての役割を担う自覚を促すことも大切です。

　一方，本人はそのつもりでも，周りの人との連携がうまくとれていないことがあります。いわゆるスタンドプレーになってしまっている状態です。会社は組織ですので，各所との連携が必須です。報連相が細やかに行われていないことから，評価されないこともあるので，人間関係構築や仕事の流れについても確認できるとよいでしょう。

4. 相談相手がいない，居場所がない

　職場は，一日のうちの大半を過ごす場所なので，人間関係の良し悪しがモチベーションを左右します。極端な例だと挨拶もしないといった状況から，仕事以外の話をしない，昼食も黙って食べる，会話がほとんどないというケースが見られます。昼食を同じ場所でとっているにもかかわらず，みんながスマホの画面を見ながら食事をしていて，そもそも会話する雰囲気でないといったものが最近よく聞かれます。

　また，昼食を外に食べに行く際に声かけしても，休み時間なので自分の自由に使いたいと反発があったということを聞くこともあります。さらには，ある程度の交流はあるものの人間関係のグループがすでに出来上がっ

てしまっていて，入ることができないといった悩みもあります。学生の頃にも体験した方も多いのではと思いますが，相変わらず職場でも見られ，極端な場合は，トイレの個室でひとり昼ご飯を食べるということもある状況です。本人の問題である場合もありますが，職場環境によって翻弄されることも多いのです。

　こうした問題が散見される場合は，職場環境改善の取り組みが必要です。まずは，コミュニケーションの活性化です。意図的に話をする場をつくることが必要になります。伝達事項もすべてメール等で済ませずに，1週間に一度は，直接意見の交流を図るとか，研修は講義形式ではなく，ワークショップやグループ討議形式にするだけでも効果はあります。

　実際に，ワークショップ形式の研修を行うと，研修内容以外に「今までメールでしかやり取りしていなかった人と直接話すことができてよかった」「顔は見たことがあったが，話をしたことはなかった，こんなに共通項がある人とは知らなかった」と，今後の会話へのきっかけとなることも付加価値としてあります。

　日常会話ができないほどの関係では，なかなか悩みを相談できません。普段の会話があってこそ，気になったことや，困っていることを気軽に相談できるわけです。仕事と関係のない個人的な話をするだけで，ハラスメントと言われないかと気にしすぎるがあまりに神経質になり，何も話せないということになれば，本末転倒です。

5. 職場環境改善につながる関わりを

　いずれにしても職場環境は，ひとりが頑張ってもなかなか変えることができません。しかし，トップや上司が変わると一気に雰囲気が変わるということも実際にはよくあります。

　ということは，管理者の方々が意識を変えるだけで改善されることがありますので，管理者に対するコミュニケーションやハラスメントの教育は，かなり有効です。職場のカウンセラーとしては，個人の問題と切り分けず，職場全体の環境改善を働きかけるきっかけともなります。相談者本人のモチベーションを上げるのも大切ですが，職場環境を整えることに

よって，他の職員の働きやすさにもつながり，さらには，組織全体の離職率を下がることにもつながりやすく，企業に対しても大いに貢献できる部分でしょう。

▶さらに学びを深めるために

大野萌子 (2014).「かまってちゃん社員」の上手なかまい方. ディスカヴァー・トゥエンティワン.

Ⅳ　能力が発揮できない

「職場で自分の能力が発揮できない」というご相談を受けることがあります。この言葉の裏には人それぞれの感情が込められており，対応の仕方もさまざまです。そこで，カウンセラーとしては相談者の言わんとしていることを的確にキャッチできるよう，丁寧に聴きとることが大切です。

また，その要因は相談者自身にあるのか，職場にあるのか，それとも両者にあるのかをよく検討する必要があります。

1.　相談者のさまざまな思い

相談者が「能力が発揮できない」と訴えてきた際にあわせてよく聞く言葉を以下に挙げてみましょう。

- ●「もっと自分の能力を認めてほしい」
- ●「正当な評価をしてほしい」
- ●「つまらない雑用ばかりやらされる」
- ●「自分に合わない仕事だ」
- ●「自分はもっとできるはずなのにできない」
- ●「今まではできたことができなくなった」

さて，相談者は何を言わんとしているのでしょうか。

2. 自分の「能力」をどうとらえているか────

相談者とのラポールが形成されたら最初にこう尋ねてみてください。

「あなたのもっている能力はどんな能力でしょうか」

相談者自身が自分のもっている能力を客観視できているのかを確かめるわけです。たとえば「事務処理が速い」「ミスが少ない」「営業成績が良い」「お客様の評判が良い」「リーダーシップに長けている」などいろいろな答えが返ってくるでしょう。

しかし中には，ただ漠然と現在の業務内容や職場環境に対して不満をもっているだけで，自分がどのような能力をもっているかを答えられない相談者もいます。その場合は何が不満なのかを掘り下げて聴く必要があります。よくよく話を聴いてみると「職場の人間関係が悪くて毎日行くのが億劫だ」「頑張っても頑張っても上司は認めてくれず，やるのが当たり前のような態度をされるのでモチベーションが上がらない」という話になったりすることもあります。このケースについては後述いたします。

また，自分のもっている能力は何なのかよくわからないという方のために，ジョブ・カードを使ったキャリアコンサルティングをおすすめすることもあります。

ジョブ・カードとは自分が仕事をするうえで大切にしたい「こだわり・価値観」，今自分に何が「できる」のかといった「強み・能力」，自分がどんな仕事をしたいのかといった「興味・関心」を書き出して自分自身の職業能力を理解し，キャリア形成に役立てることができるツールです。さらにキャリアコンサルティングを受けることによって，これからのキャリアプランを考えたりスキルアップの方法を考えたりすることができます。

こういったことは現在お仕事を探している方のみならず，在職中の方にも大変意義のあることだと思います。自分の進むべき道が見えてくることによって，現在の仕事に対する漠然とした不安や不満が解消することにつながるのではないでしょうか。

ジョブ・カード制度について詳細は以下のサイトをご覧ください。

厚生労働省「ジョブ・カード制度」
https://jobcard.mhlw.go.jp/advertisement/

3. 会社側が求めている「能力」は何か

　相談者自身がもっている能力がどのようなものかを理解しているのがわかったら，次はこの質問をしてみましょう。

　「会社はあなたにどのような能力を求めているのでしょうか」

　この質問に対しての答えは「多分，こんな能力を求めているのだと思います」という相談者の推測であることが多いと思います。つまり会社側が相談者に求めている能力は何なのか・何を期待しているのかについての理解があやふやであるケースが多いのです。それではせっかく相談者が能力をもっていても単なる自己満足になってしまったり，頑張るべき方向を誤ってしまうことになりかねません。

　これは会社に人事考課制度が導入されていないか，またはその制度の運用に問題があることが考えられます。私は社会保険労務士でもあるので，人事考課制度に関する助言や導入コンサルをすることもあります。

4. 人事考課制度

　人事考課制度とは，従業員が会社から割り当てられた仕事をどのような態度でどの程度遂行したかを公平に評価するための制度です。従業員の能力や仕事ぶりを評価し，賃金・昇進・能力開発などの決定に役立てるものです。

　人事考課制度を運用するにあたっては，その公平性と透明性の担保をすることが大切です。そこであらかじめ決めておくと良いものを以下に挙げます。

　①被考課者の範囲——例）勤続１年以上の者
　②考課期間——例）４〜９月，10〜３月
　③評価のプロセス——例）第一次評価，第二次評価

④評価項目──例）目標達成度，判断力，責任感，協調性，積極性
⑤考課者訓練──例）人事考課者が陥りやすい傾向に対する研修
⑥被考課者へのフィードバック──例）管理職との面談

　また，具体的な評価基準を決定するにあたり役立つサイトがありますのでご紹介します。

厚生労働省「職業能力評価基準について」

https://www.mhlw.go.jp/stf/seisakunitsuite/bunya/koyou_roudou/
jinzaikaihatsu/ability_skill/syokunou/index.html

　なお，評価・処遇制度や研修制度を整備した場合に受給できる可能性のある雇用環境整備関係の助成金もあります。こちらは国の方針や予算によって目まぐるしく要件が変わりますので，常に情報を仕入れておくことが大切です。

厚生労働省「事業主の方のための雇用関係助成金」

https://www.mhlw.go.jp/stf/seisakunitsuite/bunya/koyou_roudou/koyou/kyufukin/

　以上のように，従業員の能力や会社への貢献度等を「見える化」することによって企業風土が保たれ，従業員のモチベーションアップにもつながります。ひいては「能力が発揮できない」と悩む従業員は減ることにもなるでしょう。

5．マズローの欲求5段階説と人事制度

　「マズローの欲求5段階説」はあまりにも有名ですが，これを人事制度と結びつけて考えてみましょう。

　①生理的欲求（心身の健康維持）
　　──賃金，安全衛生管理，定期健康診断，メンタルヘルス対策

②安全欲求（危険から身を守る）――社会保険，雇用の保障

③社会的欲求（所属と愛情）――良好な人間関係，雰囲気の良さ

④自尊欲求（承認）――役職などの権限，表彰

⑤自己実現（能力の発揮）――社内公募，社内求職

　上記⑤「自己実現（能力の発揮）」が，まさにこの節のタイトルになっている「能力が発揮できない」という悩み，すなわち「能力を発揮したい」という欲求であり，最高次の欲求となっていることがわかります。ですからこのような悩みを訴えてくる相談者は，志が高く真面目なのではないでしょうか。

　しかし，なかには悩みの内容がそこではないケースもあります。前述の2「自分の『能力』をどうとらえているか」であったように，「職場の人間関係が悪くて毎日行くのが億劫だ」「頑張っても頑張っても上司は認めてくれず，やるのが当たり前のような態度をされるのでモチベーションが上がらない」などの悩みは，それぞれ5段階欲求のうちの③「社会的欲求（所属と愛情）」と④「自尊欲求（承認）」が満たされていないことから来るものでしょう。職場のコミュニケーションのとり方，たとえば挨拶の有無・連絡や報告の手段・席の配置などはどうなっているか，上司が部下を認める習慣はあるのかなどをヒアリングすると要因が見えてくるでしょう。また，その際に可能であればストレスチェックの集団分析結果を見せてもらい，そこから読み取れるものを分析し会社に報告することも有効です。

6. 自己評価が非常に高く，承認欲求が強すぎるタイプ――――

　「能力が発揮できない」と訴える相談者の大半は志が高く真面目なタイプであると信じたいのですが，困ったことに最近はそうではないタイプの人も増えてきています。自己評価が非常に高く，承認欲求が強すぎるタイプです。

　こういう人は会社の人事考課制度には当然納得できず，「能力が発揮できないのは周りが悪い」などと他人に責任を求め，しかも攻撃的な態度を

とる傾向にあります。

　カウンセラーとしてはとにかくまずは傾聴の姿勢を崩さないこと，相手の言いたいことを否定せず受容することです。そして相談者ができている部分（会社が比較的高く評価している部分）はたくさん褒めましょう。一方，十分にできていない部分は「今後こうするともっと良くなる」という伝え方をすると受け入れてもらいやすくなります。もちろん，あらかじめ会社側との打ち合わせは必要になります。

　私はこういったいわゆる「問題社員」の対応を会社側から依頼されることもあります。

7. メンタル不調により能力が発揮できないケース─────

　今まではきちんと業務をこなしていたにもかかわらず，メンタル不調により能力が発揮できなくなるケースもあります。この場合は相談者本人の不安を取り除くようにゆっくりと話を聴き，人事担当者への会社の休職規定の確認や，産業医や保健師など産業保健スタッフとの連携が必要になるでしょう。

　すべてをカウンセラーひとりで抱え込まないようにすることが大切です。

▶さらに学びを深めるために

> 高橋俊介（2009）．自分らしいキャリアのつくり方．PHP 研究所．

Ⅴ　転職したい

　転職はこれまでのキャリアを大きく変える人生の転換となります。かつて日本の三種の神器のひとつであった「終身雇用」が崩壊した現在，ひとつの会社に長く勤めるという意識は変化し，積極的に転職を考える正規雇用者が多くなりました。また，それに伴って大小さまざまな企業が転職サイトを立ち上げて情報提供し，多くの転職エージェントが転職の支援を行っています。転職は自身のキャリアを最大に活かすチャンスとなること

も多い一方で，その動機やタイミングによっては貴重な時間やこれまでの
キャリアを無駄にしてしまうこともあります。

　海外ではキャリアアップを図る目的で転職をするのが一般的である一
方，日本では「帰属意識の薄い人」「腰の落ち着かない人」とマイナスイ
メージをもつ傾向がいまだに残っていることも事実です。

　ここでは転職にまつわる事例について紹介していきます。

1. 転職を踏みとどまったケース

(1) 自分の仕事に誇りがもてない

　来談者は39歳男性Ａさん，情報処理部門で16年勤務，家族は妻と子
(小学4年生女児)。

　Ａさんは入社以来情報処理部門でプログラミングの仕事をしてきまし
た。同じ仕事をずっと続けてきたため，付き合う関係者にも変化がなく刺
激が少ないと言います。また上司は彼の所属するセクションの重要性を十
分評価してくれていないという不満ももっていました。同時期に事業の統
廃合もあり，職場の雰囲気や仕事の仕方なども大きく変わり，環境の変化
になじめない状態もありました。今後20年以上，今の会社で自分のやり
がいが見出せるのか，という不安と不満もあり，もっと自分のキャリアを
活かした仕事をするために，転職を考えたいとのことでした。

　さっそく転職について具体的な考えを聞きましたが，やりたい仕事が明
確ではなく，ただ自分のこれまで学んだ知識やスキルを活かせるところ
で，かつ自分を必要としてくれる会社であれば移りたいということでした。

　特に興味のある職種もないとのことでしたが，転職については本人の強
い意思があったため，参考になればとVPI職業興味検査を実施しました。
その結果，興味領域尺度ではⅠ尺度の研究的興味領域が最も高く「専門的
な知識や技術をみがきたい」という思いが強く出ていました。傾向尺度で
は，Co尺度の自己統制尺度が高く，慎重である一方で受動的，消極的な
面もありました。

　その結果を見て「今の仕事を続けたいが，認められていないことが自分
のモチベーションを下げているので，もっと自分を認めてもらえるところ

に転職したい。やはり自分は受け身なのかなぁ……」と話し始めました。

(2) ライフキャリアから仕事をみる

　認められないことでモチベーションが下がっていることや，今のスキルを活かした仕事を続けていきたいという思いを確認したうえで，次のステージではＡさんにとって「認められる」ということの意味を考える一方で，転職の可能性も一緒に考えていくこととしました。

　後日Ａさんから，転職エージェントと面談をしたという話が語られました。その中でエージェントからは転職するには40歳の壁は高いこと，給与は今の7割から8割程度になると言われ，自分の描いていた転職像と大きく異なることを実感したようでした。そこでライフキャリアの視点から仕事のあり方を考えていったところ，これから子どもの教育にお金がかかること，両親も定年を迎え将来的に面倒を見ていく必要が出てくるであろうこと，今もっているスキルは自分の武器であり，これを捨てることはできないことに改めて気づきました。そして結果的に，自分なりの目標をもち，今の職場で仕事を続けていく道を選択しました。

　職場の仲間とのコミュニケーションの場が少なかったことで感じていた孤独感，孤立感については，自分が過剰に遠慮していたところがあったけれども，思い切って声をかけるとみんな親身になって話を聞いてくれることも実感でき，安心感がもてるようになりました，と自分自身の強い思い込みからも解放され，元気に職場に戻っていきました。

＊　　＊　　＊

　転職を考えている人の中には，明確な目的もないまま，その時の感情だけで動こうとしている人もおり，転職そのものが目的となっているケースがあります。そのような場合は積極的に転職相談にのるまえに，転職したいと考えるようになったバックグラウンドや今ここでの気持ち，そしてキャリアアンカーとライフキャリアに目を向けてもらうことで，より現実に目を向けていくことができるようになり，後悔のない選択を支援することができます。

2. 職場への不満がきっかけで明確になった転職願望————

(1) 違和感をもちながらの職務

来談者は 28 歳男性 B さん，研究開発部門主任，家族は妻（共働き）。

理系の大学院を修了後，研究職として入社し，研究開発部門で 4 年目を迎え，主任となったが，入社以来今の職場に違和感をもちながら仕事を続けてきた。このままでいいのかという思いが強くなったため自分を見つめ直したい，と来談されました。

今の職場は一人ひとりがテーマを決めて，研究を進めていく一人作業が多いため，職場内のコミュニケーションが活発ではなく，相談したくても，皆忙しそうで声をかけづらく，また人に相談することで自分の能力が低いと思われるのではないかという不安をもっていました。その一方で，職場の雰囲気や仕事の進め方に問題があるのではないか，という不満もありました。情報交換がメール主体で行われているということも，不満の要因のひとつで，B さんはもっと人対人で話ができる温かい雰囲気の職場を望んでいました。そして自分にはこの会社の風土が合わないのではないかと考えるようになりました。

今の職場でどのように自分の能力を発揮していくか模索するカウンセリングを数回続けた時，ふいに B さんにはずっとやりたい仕事があったことを思い出し，そのことについて語り始めました。

(2) 気づきによって促された転職

B さんは子どもが好きで，子どもの成長を支援していく幼稚園教諭や保育士になりたいという夢をずっともっていました。しかし，子ども相手の仕事は女性の仕事という周囲の先入観や，その先入観を受け入れて自分自身も諦めていました。いつかは保育の道に進みたいという強い思いももちながら，日々の業務に忙殺され，そんな自分の夢を忘れていたのでした。しかしあらためて自分の夢をかなえたいということで，ご家族と話し合いをもったところ，奥様の理解と後押しもあり，現在の仕事がひと段落したところで，会社を退職し専門学校へ行くことを決めました。

        *   *   *

　転職するためには，そこに明確な動機と目標があること，そして「やりたいこと」と「できること」の理解が重要なポイントとなります。さらに家庭の状況や収入など含めて，5年，10年先の将来の見通しができているかもライフキャリアとして考えるうえで重要な要素となります。もちろん，「今の職場から逃げる転職になっていないか」は初期の自己理解でとても大切です。

▶さらに学びを深めるために

宮城まり子（2002）．キャリアカウンセリング．駿河台出版社．

Ⅵ　会社がつぶれるかもしれない

　「会社がつぶれる」つまり，勤務先の企業が倒産するというのは働く人にとって最大のピンチでしょう。「職場が奪われる」「自分の能力を発揮できるステージがなくなる」「これまでの自分のキャリアが無駄になる」「これからの経済的な不安」など，さまざまな心配ごとが一気に押し寄せてくる状況です。また一般的には，企業の倒産は従業員に前もって知らされることは非常に少なく，従業員としては「会社がつぶれるかもしれない」という，あくまでも「かもしれない」という不確定で，暗雲が立ち込めたような日々を送ることになります。

　そこで，カウンセラーとしての役割は相談者の気持ちに寄り添うこと，またそれだけではなく，少しでも相談者の不安を和らげることができるように有益な情報を与えることがポイントになると思います。

　私は社会保険労務士でもあり，カウンセリングの中で法の定めや国の制度なども絡めて相談者にお話しすることが多いのでその点もあわせてお伝えします。

1. 「会社がつぶれるかもしれない」と従業員が思う要素——

「会社がつぶれるかもしれない」と従業員が思う要素として代表的なものを以下に挙げます。

①経費の大幅な削減
②賃金の遅配
③希望退職者の募集
④リストラ

このうちいずれかに該当すると従業員は不安になり始めることが多いでしょう。

2. 賃金の遅配について——

前述1の②で挙げた賃金の遅配は，会社がつぶれるか否かという問題以前に会社はしてはならないものとされています。労働基準法第24条には「賃金支払い原則」があり，その中のひとつに「毎月1回以上定期払いの原則」があります。

内容としては「賃金は，毎月1回以上，一定の期日を定めて支払わなければならない」というもので，具体的には賃金支払日を，たとえば毎月25日と決めたらそれを厳守しなくてはならないということです。ただし，臨時の賃金や賞与（ボーナス）は例外です。また，銀行口座振込の場合は振込日が会社の所定休日と重なった際に後ろ倒しにしても良いことにはなっています。

このように，あらかじめ決められた支給日に毎月賃金が支払われるのは法に定めがあることなのですが，賃金の遅配が法違反であるという会社側の自覚がなく，ただルーズに行われているケースも残念ながらあります。

仮にそうであったとしても，従業員への賃金支払いという大切な義務が軽視されていると考えざるをえませんので，会社側の従業員の扱い方に問題があると言えそうです。いずれにしても相談者の心の重荷になっている

ことには変わりありません。

　実際は「会社がつぶれるかもしれない」と感じるタイミングや度合いは人それぞれでありますし，その恐れがあるのかどうかがよくわからないケースもあります。ただ言えるのは「会社がつぶれる恐れがあるのかどうか」という点に注目するのではなく，相談者がどれだけ心を痛めているのかという点に注目することが大切です。

3.「その日」がいつ来るのかわからない不安

　「会社がつぶれるのかもしれない」と従業員が感じ始め，もしも従業員がそれを会社側に伝えたとしたら会社側からの説明が得られるなど，何かしらの変化はあるのでしょうか。

　答えは，ほとんど NO でしょう。会社側が従業員を集めて「来月わが社は倒産します」などと告知することは一般的にありません。なぜなら従業員を通じて外部の取引先や銀行等にその情報が洩れ，大勢の債権者が取り立てに来るという状況になることが考えられるからです。また，会社側から決定的な告知をされたことにより従業員自身の働くモチベーションが急激に下がり，労働争議が起こったり，賃金が支給されないかもしれない等の不安から，会社の備品を持ち出すなどの不正行為が発生することも考えられるでしょう。

　そのため，会社は「倒産する日」に従業員に告知するのが一般的です。従業員はその日までずっと「かもしれない」という不安な気持ちを抱えながら過ごすのです。告知をされる日は明日かもしれない，という毎日。それでも今までと変わりなく業務をこなさなくてはならない毎日。精神的な負荷は計り知れません。

4. 経済的な不安

　「会社がつぶれるかもしれない」と感じている方の最大の不安要素は，経済的な不安だと言えるでしょう。ここではその経済的な不安を和らげることができるであろう法の定めや制度についてお伝えします。

(1) 解雇予告手当

前述3で述べたとおり，「その日」は突然やって来て従業員は即日解雇されるという状況になるのが一般的です。かなりショッキングな事実ではありますが労働者を保護する法の定めがあります。

労働基準法20条1項では「会社は従業員を解雇する場合には少なくとも30日前に予告をする必要があり，もしも従業員を即時解雇する場合には，30日分以上の平均賃金（「解雇予告手当」）を支払わなければならない」とされています。平均賃金とはその従業員の賃金を一日ベースに換算したものです。

(2) 未払賃金の立替払制度

賃金の支払いがなされていない場合には，たとえ会社が倒産したからといって，そのことによって従業員が賃金を受け取る権利や会社が賃金を支払う義務がなくなるというわけではありません。

しかしながら会社などが倒産した場合には残された財産が乏しい場合も多く，実際に従業員が賃金を回収できるとは限りません。

そこで，労働者の救済を図るために，法律上の倒産または中小企業の事実上の倒産の場合に，賃金を支払ってもらえないまま退職した方を対象に，国が「未払賃金の立替払制度」を実施しています。必要な書類や詳しい手順については，労働基準監督署または独立行政法人労働者健康福祉機構で案内されています。

> 東京労働局「会社が倒産した場合の労働債権確保」
>
> https://jsite.mhlw.go.jp/tokyo-roudoukyoku/hourei_seido_tetsuzuki/
> roudoukijun_keiyaku/roudousaiken3.html

(3) 雇用保険の基本手当

会社などで雇用されていた方が離職した場合，失業中の生活を心配しないで再就職活動ができるよう，一定の要件を満たせば，雇用保険の「基本

表4-1　雇用保険の基本手当

	一般の受給資格者	特定受給資格者(会社都合退職)
給付までの期間	待機期間7日+給付制限3カ月	待機期間7日間+給付制限なし
給付日数	90〜150日	90〜330日

手当（いわゆる失業給付）」を受けることができます。会社が雇用保険の被保険者資格喪失の手続きをハローワークを通して行い，離職票が発行されることが大前提となりますので，まずは人事総務担当者に確認が必要です。

　基本手当は，離職理由が「転職希望など自己都合」の場合と，「会社の倒産など会社都合」の場合では，受給要件などで大きく異なります。前者を「一般の受給資格者」，後者を「特定受給資格者」と呼んでおり，一般の受給資格者よりも特定受給資格者のほうが基本手当の給付において優遇されています。なぜなら特定受給資格者は自身に落ち度がないにもかかわらず，転職や貯蓄など何の準備もできない状態でやむをえず退職することになったと考えられるからです。

　二者の違いの内容は，まず基本手当を受給するまでの期間についてですが，「一般の受給資格者」は7日間の待期期間があり，さらに3カ月間の給付制限があります。しかし「特定受給資格者」は7日間の待期期間のみで給付制限の設定はありません。次に基本手当が給付される日数についてですが，「一般の受給資格者」は在職期間によって90〜150日，「特定受給資格者」は在職期間と離職時の年齢によって90〜330日の設定がされています。

　まとめると表4-1のようになります。

厚生労働省「特定受給資格者の範囲の概要」
https://www.mhlw.go.jp/bunya/koyou/koyouhoken05/hanni.html

> ハローワークインターネットサービス「基本手当について」
>
> https://www.hellowork.mhlw.go.jp/insurance/insurance_basicbenefit.html

5. 自身の存在場所・存在意義・キャリアについての不安──

「もし会社がつぶれてしまったら自分の存在場所がなくなってしまう」「この先自分のキャリアを活かせる場はあるのだろうか」「今までのキャリアは無駄になってしまうのではないだろうか」という不安が相談者にはあります。

相談者自身には「何の落ち度もないのに……」という怒り・悲しみ・絶望感・喪失感などさまざまな感情があり，それにひたすら寄り添うのがカウンセラーとしての役割だと思います。

たとえ相談者が「仕方がない」という言葉を何度も繰り返したとしても，それは決して諦めがついているわけではなく，その裏にやりきれない思いがあるのだと感じます。

6. 経理担当者はひときわ苦労する──

相談者が会社の経理担当者の場合はどうでしょう。会社の経営が困難であることはその他の従業員よりもかなり早い段階で知ることとなるでしょう。そうなると経理担当者と社長だけで秘密の会話も増えることになります。事情を知らされず憶測だけとなっているその他の従業員から見ると経理担当者と社長でタッグを組んでいるように映り，経理担当者との溝が生まれるということにもなるでしょう。経理担当者も従業員のひとりでありその他の従業員と立場は同じであるにもかかわらず，大変に辛い立場となるのです。

以上のことを踏まえてカウンセリングに臨むことが大切です。

▶さらに学びを深めるために

厚生労働省「知って役立つ労働法——働くときに必要な基礎知識」
　https://www.mhlw.go.jp/stf/seisakunitsuite/bunya/koyou_roudou/
　roudouzenpan/roudouhou/index.html（最終確認日：2019 年 10 月 3 日）

Ⅶ　最近，元気が出ない

　最近，元気が出ない，何をするにも気力がわかない，やる気が出ない。そんな漠然とした悩みは誰でも経験があるかもしれません。はっきりと「これ」という原因がわかっていれば対処のしようもありますが，多くの場合そうではありません。小さなことだけれど「嫌だな」と思うことが積もり積もってキャパシティオーバーになったり，不安で考えることが面倒くさくなったり，モチベーションが下がってしまう原因はさまざまです。どうやってこの状況から抜け出したらいいのか？　周りからもやる気のない人，怠けている人と見られてしまうこともあります。このような状況が続くとうつ病につながっていくこともありますので対処が必要になります。
　そこで，仕事に集中できない，元気が出ないという相談があった事例をご紹介します。

1．生活の環境が変わった①：「ストローク不足」

　大学まで地元で実家から通っていたが，就職のために親元を離れ知らない土地に来た。親戚はおろか近くに友人もいない。平日の昼間は職場でまだ周りに人がいるから話はするけれど，疲れて帰って家では何もする気力もなく，食事はひとりでコンビニ弁当。特にお酒も好きではないので会社帰りに同僚と一杯といったこともほとんどなく，休みの日は家に閉じこもって，気づくと誰とも話をしていないことはしょっちゅう。今までと生活のリズムが大きく変わった。先日，職場の上司から「元気がないな，大丈夫か？」と心配されてしまった。
　急激な環境の変化は，大きなストレスとなってのしかかってきます。こ

のケースの場合からだの栄養不足と同時に，こころの栄養不足も無視できません。

　食事をしっかり摂らないとエネルギー代謝が低下するため，体がだるくなり疲れやすくなります。体のだるさや疲れは気分にも影響します。さらに，神経伝達物質の生産能力が落ちることで脳内の神経伝達物質が不足します。結果的に意欲の低下や，気分の落ち込みなどこころの不調にもつながっていくのです。

　そして体の健康に栄養が必要なように，こころの健康を保つためにはこころの栄養「ストローク」が必要なのであると言えます。ストロークとは「自分や他人の存在や価値を認めるための言動や働きかけ」のことです。人は誰でも承認欲求があります。このケースはストローク不足からこころの栄養が足りていないためにモチベーションが下がってしまったことも，元気が出ない要因のひとつと考えられます。

　日々の挨拶やちょっとした声かけなど，交流によって私たちは「自分の存在が認められているのだ」と感じ，心の栄養を補給することができるのです。元気のない部下がいたらまずその人の話を聴いてあげてください。「傾聴は最高のストローク」なのです。

2.　環境が変わった②：「変化疲れ・五月病」

　長いお休みはゆっくり休んだはずなのに，疲れがとれない。仕事が溜まっているからやらなきゃいけないのに，会社に行きたくない，なんとなく体調が悪い，やろうと思ってもがっくり力が抜けてしまい，仕事に集中できないなどなど，5月の連休明けに多い相談内容です。このような症状はもしかしたら「五月病」かもしれません。はっきりとした病名がつけられない五月病ですが，これらの症状をきっかけとして，徐々に体調が悪くなり，欠勤が続くこともあります。病院に行ってもどこも悪くないと言われて相談に来ることも多いケースです。

　五月病は，新入社員だけでなく誰でもかかる可能性があります。なかでも，異動や転勤など環境が大きく変わって，新しい職場の雰囲気にうまくなじめないという人，大きなプロジェクトが終わって目標を達成したこと

で，燃え尽き症候群（バーンアウト）のような状態に陥っている人など，変化が大きかった人ほどかかりやすいのです。昇進や結婚などポジティブな変化でも起こります。

　春先にかけて変化の多い状況の中，張り詰めた緊張からなかなか適応できないまま，ゴールデンウィークなど長いお休みに入って，どっと疲れが出て「変化ストレス」を起こした結果と言えます。このような症状が出やすい人は，性格的に几帳面でまじめ，責任感があるといった特徴があるので，あまりひとりで抱え込んですべてをきちんとしようとせずに，周りの人に協力を求めましょう。すべて100点満点を目指さず7割〜8割くらいでもよしとする余裕をもつことです。また人との関わりが億劫に感じることがありますが，引きこもったりせずできるだけ人と関わるようにしましょう。

　五月病は4月に新学期が始まる日本独特のものであり，欧州では長いクリスマス休暇の後に不調を訴える一月病が多いとのこと。五月病は，自分に合った気分転換をするなど，ストレスをためないことが一番の予防策です。もしかかってしまったとしても「今の自分の状態」を自覚して，抜け出せるよう気持ちを落ち着かせましょう。

3.　やりたいことがあるはずなのに行動に起こせない─────

　派遣社員として現在働いているが，もうすぐ契約満了となる。職場からは引き続き契約社員として働かないか，と打診があった。ありがたいお話だとは思うが，継続して採用されても有期雇用であることに変わりはないので，先のことを考えるとこのままでいいのだろうかと不安になってしまう。この職場に残りたいという強い希望が自分にはあるのかと考えてしまうため，決断できないでいる。気持ちの中に迷いがあると，考えることも面倒くさくなってやる気も出ないし，仕事をしていても楽しくない。すべてにおいて活力が出ないという相談がありました。

　お話をよく聴いてみると，本当は他にやりたいことがあるが，それも現実的にできるのか自信がないし，もしそのことを始めるとしてもお金もかかるし，冒険して失敗したくないとネガティブなことばかり考えてしまっ

ています。この悩みは雇用形態の問題ではなく，あれこれ不安になってこ
ころが身動きとれなくなっていることが原因でないかと考えられます。そ
れは相談者の真面目な性格もあります。

　「本当にやりたいこと」をやるからには成功しなければならないと，自
分自身を追い込んでしまっているので，無理に「やらなきゃ，やらな
きゃ」と思うのは逆効果になってしまいます。

　本来であれば職場から求められているのだから，継続して働けばいいの
に，という意見もあるかもしれません。でもこの相談者がその仕事を続け
ること，その職場に残ることを本心から望んでいるのでしょうか。自分の
価値観は脇に置いて，その人の価値観をはっきりさせて，自分が何をした
いのか，どうなりたいのかを丁寧に聴いていきましょう。他人からアドバ
イスされても，自分自身の気持ちをはっきりさせて決断していかないと納
得はできないでしょう。

　このケースだけでなく「やるかやらないか」に迷っている場合は，その
理由として，"やること"自体に問題があるのかもしれません。それが本
当に好きなことなのか，やり始めたからやらなければいけないと思い込ん
でいないかです。自分自身と向き合って問いかけてみましょう。

4.「先延ばし行動」はまず感情を受け止めて

　物事が決められない。今やるべきことや，将来のためになすべきことに
手をつけられずに後回しにしてしまう「先延ばし行動」は，誰でも多かれ
少なかれ心当たりがあって，そんな自分に悩む人も多いのではないでしょ
うか。

　それがその人にとって大切なことであればあるほど，なかなか決断でき
ないのは当然だといえます。頭の中をそのことで支配され，何をするにも
元気が出ないこともあるでしょう。

　「私は性格的に優柔不断だから」とか「慎重派だから」と性格ももちろ
んあるかもしれませんが，周りの人からは単に「逃げているだけ」と非難
されることも多い「先延ばし行動」です。しかしその背景にはその人のあ
る「感情」が横たわっている可能性があります。まずはその感情・気持ち

を理解することで行動の改善が見えてくるかもしれません。まずはその人の思いを聴いてあげるようにしましょう。

　また，相談者が初めから大きな目標を立ててしまい進むべき道が見えなくなってしまっている場合は，一つひとつ階段を上るような感覚で，着実に目標を達成させていきましょう。優先順位をつけてゴールまで計画的に進むことができれば，クリアできた時自分に自信がもてるようになります。また，次の目標までの過程を楽しむこともでき，行動することの意味をあらためて感じ取ることができます。

5. 今の気持ちを受け止める

　「元気が出ない」のはこころ・気持ちが原因であることがほとんどです。私たち人間は「心身一体」なので，本当はイヤだということを身体の症状として表してくれているのです。ですからいきなり原因追求するのではなく，まずは「元気が出ない」という相談者の今の気持ちを受け止めることが大切になってきます。

▶さらに学びを深めるために

一般社団法人産業カウンセリングサポートセンター（2011-13）．そうだ！相談に行こう!!──産業カウンセリング事例集Ⅰ〜Ⅲ．一般社団法人産業カウンセラー協会．
大野萌子（2014）．「かまってちゃん」社員の上手なかまい方．ディスカヴァー・トゥエンティワン．
刀根　健（2008）．快適な人間関係を築くストローク・ライフのすすめ．フォーメンズ出版．

Ⅷ　うつかもしれない

　うつ病は，自殺が高頻度で起こる精神疾患として知られており，自殺予防のためにも，うつ病の対策は重要視されてきました。
　産業界においては，仕事の内容，仕事の量の変化を生じさせる出来事が

あった時や，長時間労働が続いた時，または会社の経営に影響を及ぼすような重大なミスを犯した後の自殺者数が多くなっています。そしてこれはメンタル疾患としてのうつ病の発症が原因と考えられています。

　一方で，若者に多く，軽いうつ状態や無気力状態を症状とする新型うつ病と呼ばれるものもみられるようになり，職場では大きな問題となっています。

　ここではさまざまなうつ病に関わる事例を紹介します。

1．新入社員Ａさんのケース

(1) 遅刻続きのＡさん

　来談者は 21 歳男性，専門学校卒業，親元を離れて一人暮らし。

　Ａさんは 4 月に入社して 3 カ月になるが，遅刻が多く，仕事に取り組む態度が悪く，周囲からもクレームが出ている。無気力でいつもぼーっとしているので，もしかしたらうつ病ではないかとのことで，上司が相談室を訪れました。

　数日後Ａさんが来室しました。「自分は病気でもないし，職場で問題を起こしているわけでもない。話すことは特にありません」と，とても不服そうでしたが，そのような中でも現在の生活状況を下記のように話してくれました。

- ●朝が眠くて目覚ましを何個かけても起きられない。
- ●気づくと遅刻の時間になっているので，いつも自転車を飛ばして会社に来ている。
- ●夕方からは調子がいい。
- ●夜に眠れないので，趣味のゲームをすると，夢中になって明け方になってしまう。

(2) うつ様症状に隠れた疾患

　Ａさんが語ってくれたような昼夜逆転するケースは，学生から社会人となるように，急激な生活リズムの変化が起こる場合に見られることがあり

ます。Aさんも同様のケースを疑い，本人の了解を得たうえで産業医へリファーしたところ，「睡眠覚醒リズム障害」とのことで，診療所において投薬，日光浴等の生活指導を受けると同時にカウンセリングも続けてほしいとの指示が出ました。

その結果，約1カ月程度で昼夜逆転の症状も落ち着き，遅刻もなくなったことで，職場の仲間ともうまくやっていけるようになったようでした。

＊　＊　＊

落ち込みや興味，関心の喪失など，うつ症状が続くとうつ病を疑いますが，実はその症状には他の疾患が隠れている可能性があることを忘れてはいけません。何もする意欲がわかなくなったり，物忘れがひどくなったりするケースでうつ病として治療していたものの，実は脳腫瘍だったという場合もあります。特にインテーク面談では，クライエントの環境の変化や，生活状態などきめ細かい問診が非常に重要となります。

2. 多くの支援でうつ病を克服したBさんのケース

(1) とにかく苦しく，夜も眠れない

来談者は50歳女性，製造現場での検査部門，独身。母，兄，兄嫁と実家で同居。

とにかく強い不安症状があったので，産業医の面談を受けたところ，相談室を紹介されて来談。この状態をどう口に表せばいいのかわからないがとにかく辛いと，小刻みに震え，怯えたように話を始めました。また今の自分は怖い顔をしているのではないか，としきりに気にしていました。髪はバサバサで，化粧っ気がなく，洋服もヨレヨレの状態であり，疾病性を感じたのですぐにCES-D[注1]を実施したところ，気分障害として高値を示したため，専門医を紹介し受診してもらいました。

注1) The Center for Epidemiologic Studies Depression Scale（抑うつ状態自己評価尺度）。うつ病の発見のためNIMH（米国立精神保健研究所）が開発した，自記式の心理検査。

(2) 関係者との連携

受診の結果，1カ月の入院後自宅療養となりましたが，自宅に帰ってくるとまた症状が悪化。相談時に母が脳梗塞で入院し，家には兄夫婦しかいないので肩身が狭い。夜中も不安でどうしようもないが，家の者は支えになってくれないと訴え，日に何度もカウンセラーに電話をかけてくる状態でした。このままではさらに悪化すると判断し，主治医とケースワーカーに相談。何度か話し合う中で，Bさんの意思もあり再度入院をしてもらうことになりました。退院までの間，カウンセラーは家族の方と話し合い，退院後できるだけ支援をすることを兄夫婦は約束してくれました。

その後家庭では兄嫁が中心となって，カウンセラーと情報共有しながらBさんを支援，無事復職までたどり着くことができました。復職後も職場の上司，産業医とも情報共有しながら，カウンセリングを継続。家を出て一人暮らしをするタイミングで3年間のカウンセリングを終了しました。

本人からは「過ぎ去った3年間は非常に辛かったし，なぜこのようになってしまったのかと考えると，もう思い出したくありません。これからは気分一新して頑張ります」と力強い言葉を聞くことができました。

＊　＊　＊

うつ病を発症し，入院や自宅による加療となるケースは多くありますが，ただ休ませれば安心というものではありません。安全は確保できているか，支援者はいるかなどを確認しておくことが重要です。またうつ病は一進一退を繰り返しますので，元気を取り戻すまで時間がかかることを念頭に置き，根気強く付き合う覚悟もカウンセラーには必要です。

3. 職場を混乱させたCさんのケース

(1) 辛くて出社することができない

来談者は22歳女性，製造現場で品質管理担当，独身。父，母と実家で同居。

会社の総務担当課長より，欠勤が多く現場にも支障が出ている人がいるので，一度会って様子を確認してほしいとの話を受け，Cさんが来談しま

した。話を聞くと，会社に行かなくてはと思うのだが，思うように体が動かない。会社にいると周りの目が気になりとても辛くなる，ということでした。簡易ストレス調査法を実施したところ，ストレス因子，ストレス反応がやや高めに出ており，睡眠時間をしっかりとっても寝た気がしないという睡眠障害の症状もあったため専門医を受診してもらいました。受診の結果2週間の休養という診断が出たため，Cさんはお休みをとることとなりました。

(2) 休養期間に旅行とバイト

2週間のお休みが1カ月に延長となったある日，社内の従業員より会社に下記のような情報が提供されました。

- ●病気で休んでいるにもかかわらず，某遊園地で彼女を見かけた。とても元気に見えた。
- ●夜に居酒屋で働いているCさんを見た。お店は親類の方が経営されており，人手が足りないので手伝っているだけと言っていたが，仕事を休んでいるのにそれはどうか。

後日彼女と話をしたところ事実を認めたうえで，会社以外だと体調もいいし，元気に過ごせる。今の仕事は自分のやりたいことではなかったので，納期に追われながらする仕事は苦痛。会社に行くと本当に体調が悪くなる。上司や先輩は仕事の仕方も丁寧に教えてくれないし，体のことも気遣ってくれない，と会社への不満を吐露しました。

＊　＊　＊

「現代うつ病」や「新型うつ病」と呼ばれるものは，「自分の興味のある活動時だけ元気になる」「休職にあまり抵抗がない」「疲労感・不調感を伴う」「他罰的」といった症状を特徴として，若年層で増えているとみられています。本ケースも状態だけ見るとこういったケースにあてはまりますが，名称や定義の学術的な検討はされていないのが事実です。しかし，こ

のようなケースは自我の成熟度の問題ともいわれており，休ませるだけで
は解決しないケースが多いのです。教育，指導の面からも対応していく必
要があります。

▶さらに学びを深めるために

福西勇夫（監修），福西朱美（著）(2012)．21 世紀の新型うつ病──「非定
　型」うつ病との向き合い方．ぎょうせい.
NHK 取材班（編）(2008)．30 代の"うつ"──会社で何が起きているのか.
　日本放送出版協会.

IX　家族の悩み

　働く人の悩みの相談内容は多様化しており，「職場の人間関係の悩み」
は一番に多いのですが，それ以外のことでの相談比率が大幅に増加してい
ます。特に家族との関わりや両親や子どもの問題などで悩んでいる方がと
ても多くいます。自分のことならまだ対処のしようがあるけれど同じ屋根
の下に住む家族の気持ちがわからないのです。
　他人から見れば幸せそうな家族でも，多くの悩みがあります。誰かに打
ち明けたい，相談したいと思っても，身内のこととなるとなかなか気軽に
相談できるものではありません。
　本来くつろげるはずの家庭なのに疲れてしまい，仕事に集中できないな
ど影響が出て，パフォーマンスが下がってしまうこともあるので，軽視で
きません。
　ここでは特に多い「親子関係」の相談事例をご紹介いたします。

1.　親子関係の悩み①
　　：「姉と比べられる。母親は姉をかまってばかり」────

(1) 仕事とプライベートはつながっている
ある部署の課長から，部下のことで相談したいとお話がありました。入

社して2年目の社員が反抗的な態度で困っているということでした。指導しても素直に聞かない，ミスなど指摘しても必ず言い返す。職場内でも他の社員ともうまくいっていないように見える。一度話をしてほしいとの依頼でした。

　上司から「面談に行ってきなさい」と言われた人は，「何も話すことはない」や「なぜ面談しないといけないのか？」と拒否反応を示す場合もあります。この相談者も初めはそうでした。しかし職場の話をしながら何度か面談をしていくうちに，家族との関わりを話してくれました。実は子どもの頃から母親が姉ばかり可愛がり，自分はかまってもらえなかった。自分はダメな人間だから褒められた記憶もないし，今でも両親のことは好きではない。もう何年も実家に帰っていないと話してくれました。

　このように姉と比べられて姉を褒める人たちに囲まれて過ごすうちに，他人の言うことは素直に受け入れられない癖がついてしまったのです。姉は子どもタレントとして活動していたそうですので，親が一生懸命になるのも仕方なかったかもしれないのですが，妹としては面白くないでしょう。自分は出来が悪い，と思い込んでいる節も見受けられました。本人は職場で反抗的な態度をしている自覚はないようでしたが，自分が納得できないと他人の意見は素直に受け入れることができないということはわかっているのです。

(2) 焦らず気持ちを聴いていく

　このような悩みは初対面ではなかなか話してもらえないことです。面談では，基本的には話したいことを話してもらいます。仕事とは関係のないことでも，焦らず寄り添って話を聴いていきます。

　自己肯定感が低い人には，その人のいいところを見つけ支持することが必要です。しかしあまりあからさまにすると，褒め言葉を受け取り慣れていないので，謙遜したり否定したりすることがあります。職場でも同様にできているところは認める言葉をかけてください。また他者からの承認を待つだけでなく，自ら人との関わりを積極的にもつようにしていきましょう。

　親に不満や要望を言えなかったことが影響して，職場や対人関係で反動が出てしまっていると自分を客観的に見つめましょう。そしてだんだんと自分のいい面を見つけることを身につけられるよう，カウンセラーとして支援していくことが必要です。

(3) 自分のこころの癖に気づく

　兄弟姉妹の格差の悩みは尽きることはありません。長男長女で「お姉ちゃん（お兄ちゃん）なんだから我慢しなさい」と言われたり，兄弟げんかをしても上の子だけが怒られたりというのはよくあることと思います。しかし，こうした親が何気なく言った言葉や態度が大きく影響をします。これは大人になっても潜在意識の中にネガティブな気持ちとして残り，何かあった時同じように嫌な気持ちを味わってしまいます。そんな自分の物事を受けとめるこころの癖に気づくことがまずは大切なのです。

2. 親子関係の悩み②：「両親の期待に応えられず苦しい」──

(1) 自分の決断に揺れ苦しくなってしまう

　両親の期待に応えられず，自分を責めて苦しくなってしまった相談者がいました。その相談者は，両足に障害があり杖を使わなければ歩けない状態でした。しかし水泳は足に負担がかからなかったため，幼少の頃からスイミングクラブに通い練習に取り組んでいました。就職活動をしている時に水泳のコーチからパラリンピックを目指してみないかと言われるくらいの実力がつき，両親も喜び応援してくれました。

　しかし彼女の決断は「やりたくない」ということでした。彼女が言うには，「両親はパラリンピックに出るということを自慢したいだけ。本当は私の障害のことをよく思っていないに決まっている。もしやるとしても厳しい練習をしなければいけないけれど，私は水泳を楽しんでやりたい」と就職の道を選びました。しかし，最近になって「パラリンピックに行けるかどうかはわからなかったが，やるだけやったほうがよかったのではないか」と考えるようになったのです。両親のがっかりした姿を見ると自分の決断は間違っていたのではないかと後悔していて，苦しいと話していました。

(2) 他人の気持ちを優先してしまう

　これは，親の期待に応えるため，親のために何かをしなければならない，自分よりも他人の気持ちを優先してしまって，自分の気持ちを抑え込んで苦しくなってしまうケースです。

　両親の気持ちを自分勝手に解釈し，一度はやらないと決断したけれど，両親に申し訳ないことをしたと後悔してしまう。そうやって表現せずにしまい込んでしまった感情のエネルギーは，心の奥底に押さえ込まれただけで，なくなるわけではないのです。消化されずに残ってしまったことで，ポジティブな感情も感じにくくなってしまうので，しまい込んだ感情は開放してあげる必要があります。

(3) 目の前の人を受け止める

　親子関係の相談でやってしまいがちなのは，親の思いをカウンセラーが勝手に想像して代弁してしまうことです。「子どもの成功を願わない親はいないのだ」と親の肩をもつようなことを言ってしまうと，よけいにネガティブな感情を強化してしまうことになります。目の前にいる相談者は，「自信がない，きっとどんなに頑張ってもゴールまで届かず，どんなにやっても親の期待にそえない」「目の前のことから逃げてしまった」と悔やんでいるので，まずはその気持ちを否定せず受け止めます。

　カウンセラーとしては，相談者の過去のことよりも，これからどうしていくかを一緒に考えていくようにサポートすることが大切です。まずは自分の気持ちに正直になって自分のために行動していくように考えます。

　また相談者が自分の気持ちを言葉にして相手に伝えるトレーニングをしていくことも必要になってきます。

3. 親子関係の悩み③：「親の介護で転居を繰り返す」————

(1) 母の介護のために転勤

　親御さんの介護をしながら働いている人は多くいらっしゃると思います。その相談者は母ひとり娘ひとりで，もともと関西方面で働いていまし

た。しかし母親がその土地になじめずメンタル不調になり，すでに3回の引っ越しを繰り返しました。しかしひとりで介護するのは限界があったため，母親の親戚が住んでいる関東近郊に異動願いを出し，会社の近くに部屋を借りて母親と住み始めました。

　仕事は忙しく残業する日もありましたが，急にお休みしてもフォローしてもらえるように，人数の多い部署に配置してもらい，上司にも配慮を願い出ました。これで落ち着いたと思ったのですが，やはり母親は親戚の家にもっと近いところがいいと言いだしたのです。親戚の家までは電車で2時間くらいかかるのです。本当はもっと近くに住めばいいとわかってはいますが，引っ越しを重ねての経済的な問題や，家賃が今のところより上がってしまうこと，職場まで通勤時間がかかるなどの理由から決断できずにいました。自分の母親のこととはいえ，職場にも迷惑をかけていることには後ろめたさを感じているということでした。

（2）自分が体調を崩す前にまず相談を

　こういった介護中心の生活に疲れてしまったという相談はとても多くあります。頑張りすぎて本人が体調を悪くしたり，仕事に行けなくなったりしては生活していけません。この相談者の場合，今の職場は配慮してくれていますが，こころを休ませゆっくりできる時間を確保していけるよう，もっと福祉の制度を活用して負担を軽くしなければいけないケースです。引っ越しすることだけが解決策と考えていますが，それが最善の策なのか，それとも今後いろいろな制度を利用してしばらく今の場所で様子をみるのか，決めることが必要になってきます。

　しかし介護のためにやむなく離職する人もいます。その中には，経済的，肉体的・精神的に負担がかかりうつ状態になってしまう人もいます。また，介護が終わった後の再就職も難しいのが現状ですから，「介護と仕事」の両立をしていくことも選択肢のひとつです。

　そのためには，公的介護保険や各種のサービス，介護休業法などを活用するだけでなく，会社や親戚など周囲に応援をお願いすることも大切です。

4. ひとりで抱え込まない

　親子は一番近い存在。身近だから難しい。近すぎてわがままになってしまいます。

　子どもは親に認めてもらいたい欲求があります。それは一番求めているものと言えます。ところが，その欲求が満たされないと「不満」となって表れ，ほかのターゲットに矛先が変わってトラブルになることもあります。家族とは言っても「自分」と「相手」であることに変わりはありません。お互いに違う人間であることを認め，尊重し合うことが必要なのです。

　家族の悩みは専門家にリファーすることや，サポートセンターなどの施設をご紹介することも必要に応じてしていきます。しかし，まずは目の前の苦しんでいる相談者に寄り添い，課題を整理しながら一緒に考えていくことがカウンセラーとして大切なことです。

▶さらに学びを深めるために

一般社団法人産業カウンセリングサポートセンター（2011-13）．そうだ！相談に行こう!!──産業カウンセリング事例集Ⅰ〜Ⅲ．一般社団法人産業カウンセラー協会．
大野萌子（2014）．「かまってちゃん」社員の上手なかまい方．ディスカヴァー・トゥエンティワン．
刀根　健（2008）．快適な人間関係を築くストローク・ライフのすすめ．フォーメンズ出版．

X　パワハラかもしれない

　ハラスメントは多岐にわたり，今や〇〇ハラスメントとすれば，いくらでも造語ができる現状です。パワハラとひとことで言っても，セクハラ（性的なもの）やモラハラ（精神的に相手を追いつめる見えない暴力）的な要素を含んでいたりすることも多く，〇〇ハラと限定するのは，難しい部分もあります。しかし，職場など上下関係が常に存在する組織において

は，立場上，力関係が存在するので，パワハラという表現でひとくくりにされることも少なくありません。

　そこで，多くの人が「パワハラ」だと訴えてくる事例について，挙げてみたいと思います。

1. パワハラとは認めにくいケース

(1) 曖昧なやり取りでコミュニケーション不全に

　上司が部下に対して，「この書類，手の空いた時に作成しておいて」と仕事を依頼しました。手渡された部下は，現状の業務に忙しく「手が空く」状態にならず，そのままにしていたところ，しばらくしてから「あの書類できてる？」と上司から尋ねられました。部下がやっていないことを伝えると「どうなっているんだ!?　今日の午後に使うのに困るよ」と強い口調で責められました。

　こういったやり取りから，部下の立場の人が「パワハラを受けた」と訴えてくるというケースです。

　結論から言うと「ハラスメント」案件ではなく，コミュニケーション不全です。どちらが悪いかと言えば，どっちもどっち。こういったケースの場合は，たいていの上司は，「パワハラ」をしているなどとは，みじんも思っていません。それどころか「（忙しそうだから）手の空いた時でいいよ」と努めて優しい言葉をかけてあげているという感覚をもっています。そもそも，同じ職場で同じ業務をしているので，書類を見ればそれが「いつ」必要なものなのかをわかっているという前提なのです。要は，「言わなくてもわかるよね」という典型的な「察する」コミュニケーションで，具体的な言葉が添えられていないという致命的な指示出しミスに気づいていないのです。それでも，阿吽（あうん）の呼吸で上司の意向をくみ取るのが，部下の役目という時代もありました。しかし，今や癒着や惰性を避けるためと称した短期スパンでの異動や早期離職などで人材の定着も悪く，派遣社員も多い中，意思疎通はますます難しくなっています。よって，具体的な指示は必須です。

　一方，部下も，「いつ」までなのかを確認する義務を怠っています。書類

を見てわからないなら期限を確認する必要がありますし，多忙を極めているなら，ほかの人に代わってもらったり，優先順位を尋ねることも大切になってきます。それを怠っているわけです。

　このようなちょっとした行き違いが重なれば，上司からは「使えない部下」，部下からは「パワハラ上司」というレッテルが貼られるようになります。するとそこから，本格的なハラスメントに移行していくことも多いので注意が必要です。具体的な指示出し，指導ができなければパワハラと言われかねません。ですから，このような小さな行き違いのやり取りの芽を摘むことが重要になり，双方に自分自身のコミュニケーションスキルを把握してもらうことが必要です。

（2）上司の評価に不満

　上司によく怒られる。同期と比べて出世しないのは，自分を認めない上司のせいで，パワハラだと訴えてくるケースです。不当な扱いを受けているので，是正するために出世をさせてくれという訴えも多く聞かれます。

　訴えがあれば，事実を確認する義務が生じ，該当の上司をはじめ，周囲の人間や，関係先などに問い合わせをすることになります。上司に，明らかに嫌がらせなどがある場合は，何かしらの対処が必要とされますが，訴えてきた本人に能力がないなどの問題があることもあり，この場合は，パワハラにはあたりません。

　仕事は，自分の責務を全うすることであり，それをしないで権利だけを訴えてくるケースも増えており，本人の自己評価と他者評価が乖離していることが原因です。事例性をもって対応することが望ましく，評価基準を明確に示すことがポイントになります。誰が見てもわかりやすい評価基準が求められるわけです。職場のカウンセラーとしての立ち位置にもよりますが，人事や労務にこういった助言をすることも必要になります。

2. 速やかに対応が必要なケース

（1）書類に印鑑をくれない

　印鑑や承認を得ないと先に進めることのできない案件を，理由もなく抱

え込んでなかなか許可を出さないといった，一見わかりづらいパワハラも増えています。どちらかというと直接的に暴言や暴力をふるうというより精神的に追いつめていくモラハラの要素が強い案件です。

　作業を遅らせることにつながり，業務負担が増え，精神的なダメージが大きくなります。業務量が一気に押し寄せることや納期に間に合わないかもしれないという焦りが続き，不調を訴えてくるかたちで露呈します。

　また，場合によっては，「こんなんじゃダメだ！」と提出した書類にダメ出しされ「どこに原因があるのか」「何が悪いのか」を尋ねても「自分で考えろ」と一方的に突き放されてしまうケースも見られます。真面目な方ほど，書類を作成し直すことにエネルギーを費やし，さらにダメ出しされて，どうしたらよいのか途方に暮れ，徐々に心身の不調を訴え始めます。この時に，上司からこんな不当な扱いを受けていると主張できる人はいいのですが，問題は，真面目で能力のある人ほど「認められないのは，自分に問題がある」と思い，自分を責める方向に進んでしまうことです。すると，そこから自信をなくし精神的に追いつめられ深みにはまりやすく，本人の健康状態はもとより，その後の業務に対してのパフォーマンスも下がってしまいます。相談者からの発言に自責的な言動が多い場合は，さらに積極的な対応が必要です。

　いずれにせよ，確認のうえ，速やかな上司への働きかけや部署異動などの対処が望まれます。

（2）昇格試験の日に客先のプレゼン担当に任命する

　特段の理由もなく，昇進や昇格のかかった試験などの日程に，大事な会議や関係先とのスケジュールを合わせてくるというケースです。

　もちろん，取引先などの案件は，相手ありのスケジュールで，こちらの都合ではどうにもならないことはあります。しかし，その場合には，上司と部下の間で，すり合わせが必要です。理由も明確にせず，部下が断れないような状況にするケースはハラスメントと言わざるをえません。

　年に1回のチャンスだったりすると，同期から周回遅れになることもあり，その後のモチベーションに大きく影響します。

こうした対応が，人材育成を阻み，ハラスメントの温床をつくります。マネジメントとしての対応自体に問題があるので，組織全体を健全化させていくためにも速やかに対応したいところです。

(3) 仕事をわかるように教えない

「仕事は見て覚えろ」「技は盗め」という時代がありました。自主性を重んじるとともに，自分たちの技術や価値を守るための方法でもありました。

生半可な気持ちではダメだし，言葉で解説をすることによって技術が流出するのを防いでいたのです。ほかの人にはできない特別の何かを得るためには必要な方法でした。しかし，今やマニュアルの時代です。マニュアルが存在するということは，みんなが同じようにできるということが前提にあります。ということは，職場においては，できるように教える義務も存在するわけです。ですから，ある程度スモールステップで導く必要があります。

現場は，忙しく指導の手間をとれない，だからマニュアルがあるんだと主張される方々もいますが，そもそも知らないことを文字で読んだだけでは理解できません。やり方を尋ねられて「マニュアルに書いてあるでしょ」だけでは，やはり問題があるのです。ペットボトルから水を飲んだことのない人に，「飲んで」と渡すのは，乱暴なわけです。蓋をねじって開けるということを伝える「ひと手間」が大切になります。そこまでやらなくてはならないのかという不満も出てくるのですが，そもそも育ってきた環境背景が違います。たとえば，今や若い人を中心に公衆電話をかけられない人も増えています。受話器を上げずに10円を投入しても一向に電話はかけられません。さらには，固定電話がない家庭も増えており，実際，内線電話もかけられない新入職員もいます。こういった背景を理解し「そのくらいわかるだろ」と指導を端折るのは，ハラスメントになってしまうのです。現場の負担は，増える一方かと思いますが，スモールステップで丁寧に教える義務があるのです。

3. 抜本的な対応も必要

　時として，パワハラを横行している人物が，立ち上げの頃から在籍して
いるなど，長くそこで働いているという理由だけで職位を保たれたり，ま
た，関係先とのつながりがあることで，実際に営業成績を上げていたりす
る場合があります。すると，実情をわかっていても，経営層が，処分を下
さないといった傾向も多く見られます。会社にとってなくてはならない人
だと認識されるのです。しかし，その人物の影響で，人は次々と辞め，疲
弊し，職場の雰囲気は悪くなります。長い目で見たらデメリットのほうが
多くなるわけです。職場におけるカウンセラーの役目は，組織とそこで働
く人，双方の利益を保つことを促す役割もあります。ですから，目先の利
益にとらわれずに，全体を見据えて，環境を変えていく関わりも望まれま
す。そのためには，ハラスメントに関する基礎知識を身につけておくこと
も大切です。

XI　職場における多様な性

　「LGBT（Lesbian, Gay, Bisexual, Transgender の頭文字）の人がい
るから性は多様である」ということではありません。「そもそも同じ性を
生きている人など二人といない」という意味であることをカウンセラーが
理解していることが相談業務の基礎となります。
　ジェンダーやセクシュアリティの相談を受けた場合は，カウンセラー自
身がみずからの性規範を自己理解しておく必要があります。特に同性愛嫌
悪やトランスジェンダー嫌悪について，ある程度消化していなければなり
ません。また，相談を受けた経験がないとしても，可視化されないだけで
職場は多様な性の人々の集積ですので，カウンセラー自らが性の多様性に
肯定的な職場環境に寄与する必要があります。

1. 相談を受けなくてもカウンセラーがすべきこと──────

(1) ジェンダーやセクシュアリティは，話題にしにくいということを知っていること

今後，性の多様性が可視化されるに伴って，相談件数も増えてくるかもしれませんが，現状ではカウンセリングに性の話題が上がるのは，珍しいと考えてよいでしょう。宝塚大学の日高氏によるゲイ・バイセクシュアル男性を対象にしたインターネット調査では，精神神経科に来院するゲイやバイセクシュアルの男性のうち，主治医に自分のセクシュアリティについて明かしたのは1割程度であるといいます。つまり，カウンセラーは，担当しているクライエントが自分にはセクシュアリティを明かしていない可能性があるということを肝に銘じてカウンセリング業務をすべきです。

クライエントの立場に立ってみましょう。「このカウンセラーは，セクシュアリティのことを話題に出しても大丈夫な人だ」と，ある程度安心ができなければ，決して話をする気にはなれません。LGBT に関する話題が出た時に，カウンセラーが少し戸惑ったような笑みを浮かべていたら。「いろんな人がいますよねー」と他人事のように反応していたら。「このカウンセラーに話すのはやめておこう」とクライエントが判断するのは当然でしょう。

このような反応をしてしまうカウンセラーは，自らの「同性愛嫌悪」や「トランスジェンダー嫌悪」についてしっかりと向き合えておらず，自分の中でまだ処理をしきれていない状態にあります。カウンセラーは，自分の心にも向き合う職業です。自らの嫌悪感情に気がつき，それを検討し，その自分の感情が与えるクライエントへの影響について考えなければいけません。

(2) 「性の多様性」とは，二人として同じセクシュアリティの人はいないという意味であることを知っていること

ジェンダーやセクシュアリティの相談を受けるにあたって何よりも知っておくべき知識は，LGBT などのカテゴリーよりも，「性役割行動をどの

程度表出したり志向したりするかには濃淡があり，性同一性の“まとまり”の強さにも濃淡があり，どの程度の性的欲求をどの性別に抱くかにも濃淡があり，一人ひとり違うということ，グラデーションであること」です。

　性的指向（sexual orientation），性同一性（gender identity），性役割（gender role），などの性の構成要素について，それぞれが似て非なる異なる意味をもち，相関はありながらも独立した概念であるという理解も重要です。詳しくは，佐々木（2016）をご覧ください。

（3）カウンセラーが性の多様性に肯定的な職場環境に寄与すること

　カウンセラーがただ相談室で相談を待っている時代ではなくなりつつあります。職場の一人ひとりが精神的に健康に自分の能力を発揮できる場にするために，そうした環境に寄与する関わりも求められています。産業医とともに「ハラスメント的環境はメンタルヘルスに甚大な悪影響を及ぼす」と人事部などに進言し，社内研修を行うなどして予防につなげることは喫緊の課題です。

　すでに2017年には，人事院規則10-10において，性的指向などに関する偏見に基づいた言動がセクシュアルハラスメントに該当すると改定されました。このような社会的流れを受け，年々LGBT研修をする行政や企業も増加しています。ぜひこうした流れを説明し，現場での研修を実現してください。カウンセラーがその講師を務めることも望まれます。

＊　　＊　　＊

　以下では，相談を受けた場合にカウンセラーがすべきこととして，当事者，およびその周囲からの典型的な事例について考えていきます。

2．相談を受けた場合にカウンセラーがすべきこと─────

相談例①：男性社員として勤務してきたが女性社員として働きたい

その人が考えるところの"性役割"行動をどの程度その人がとりたいのか，具体的なレベルで聞いていく必要があります。クライエントが不快を感じる性役割の種類は人によってまちまちです。重要なのは，カウンセラーがジャッジ（裁判官のような判断）を下さないことです。カウンセラーとクライエントの性役割観は異なります。職場によって，ジェンダー区分が極めて強い場と，緩やかな場とありますので，抽象的に「男性役割が嫌だ」と語られたことでわかった気にならず，カウンセラーが勝手な性役割観で判断してしまわないよう，具体的で丁寧な聴き取りが必要です。

そして，カウンセラーはクライエントの味方です。あなたの性役割観とクライエントの性役割観が合わずカウンセリングにならない時には，クライエントに寄り添えていない失敗事例になります。既婚のカウンセラーが，異性になりたいという既婚のクライエントから相談を受けた時に，クライエントの配偶者に同情し，クライエントに寄り添えなくなるということはよく聞きます。「共感的傾聴」が何よりもカウンセリングの要になることは押さえておく必要があります。

本人が納得のいく内容や水準で性別移行をできるように，社内での具体的な変更点を支援していきましょう。重要なのは，"sex change"ではなく"gender transition"であるということです。男性から女性になるという極端な二分法でとらえずに，グラデーションの中で，その人がどの程度女性としてありたいのかという視点をもつことが重要です。

相談例②：「彼氏はいないの？」と悪意なく聞いてくる女性社員たちが辛い

自らのセクシュアリティを明かしていない人にとっては，コミュニケーションの一環として交わされるプライベートな話題が時に，看過できないほど辛いということがあります。このケースは，女性社員同士での楽しい話題としての「恋バナ」や「結婚話」に対し，男性を好きにならない自分を隠したい女性が葛藤をもっているという事例です。

　ただし，これだけの情報では，この女性がはっきりとレズビアン（Lesbian：女性同性愛）やエイセクシュアル（Asexual：無性愛）のアイデンティティをもっているのか，あるいは「自分はおかしいのだろうか？」と戸惑っているのかはわかりません。本人が感じている「辛さ」の内容について丁寧に「共感的傾聴」をする必要があります。

　そのうえでカウンセラーとしては，そのような話題になった時に，どのようにストレスコーピングをしたり，アサーティブなコミュニケーションを図ったりするとよいか支援することもできるかもしれません。

> 相談例③：男性から女性社員へと変わった部下がトイレも女性用を使いたいと言うので困る

　相談をしてきた上司がなぜ「女性社員が女性トイレを使うこと」について悩むのか，その真意を丁寧に聞いていく必要があるでしょう。このような反応はトランスジェンダー嫌悪から生じている可能性があります。本来であれば，周囲からなにがしかの戸惑いが寄せられた時に，上司として毅然と「女性社員なので女性トイレを使っている」と説明をすればよい話です。しかし，上司としても，嫌悪感が拭えないというのが実情なのでしょう。

　女性トイレには個室が用意されているので，下着の中身をお互い晒すことはありません。女性同士がかち合うのは洗面所になります。洗面所で隣に立つこととデスクが隣同士になるのとでは，拒絶したいほどの違いがあるのでしょうか。カウンセラーとしては，上司の不安に共感的に寄り添いつつも，その人の抱く思い込み（偏見）をともに検討していく必要もあります。

> 相談例④：同僚から「同性に興味ない？」と告白された。気持ち悪いので素っ気ない態度をとったら，差別主義者だと罵られた

このクライエントは，身近な同僚や上司にこのことを相談せず，カウンセラーに相談したという点で，非常に思慮深い人だと言えます。同僚が会社で自分のセクシュアリティをオープンにしていないにもかかわらず，もしもこのことをショックの勢いのまま，同僚や上司に相談してしまえば，アウティング（本人の了解を得ずに，公にしていないセクシュアリティを漏洩すること）となってしまい，人権侵害的行為となります。クライエントのこうした人権意識については，ねぎらう必要があるでしょう。人権意識のある行動をとる一方で，このクライエントは「気持ち悪い」という感覚をそのまま行動で表してしまい，差別主義者と罵られました。クライエントに生じた感情や思いは，カウンセラーとしてしっかりと受け止め共感的に聴く必要があります。

カウンセリングでは，クライエントがそっけない態度をとったから差別主義者と言われたのか，あるいは，どう断れば，差別主義者だと言われないで済んだのかなど，クライエントに想像をしてもらうことも必要でしょう。クライエントの傷つきや怒りをしっかりと受け止めつつ，同僚の傷つきや怒りについても思いを馳せるようなカウンセリングになることは，クライエントにとってもよい自己理解，他者理解につながるように思います。

3. 最後に

以上，職場で多様な性について相談を受けた場合にすべきことと，受けなくてもすべきことという二つの側面からご紹介しました。いずれにせよ，「そもそも同じ性を生きている人など二人といない」という意味に腹落ちしているか否か，そして，性的マイノリティに対する嫌悪についてそれなりに自分の中で収まりがつけられているか否かという2点は極めて重要です。カウンセラーとは，自己の心理を使った仕事です。セクシュアリティをテーマにしたカウンセリングは，実にカウンセラー的な仕事ではないかと思います。

▶さらに学びを深めるために

> 東　優子・虹色ダイバーシティ・ReBit（2018）．トランスジェンダーと職場
> 　環境ハンドブック――誰もが働きやすい職場づくり．日本能率協会マネジ
> 　メントセンター．
> 石田　仁（2019）．はじめて学ぶLGBT――基礎からトレンドまで．ナツメ社．
> 柳沢正和・村木真紀・後藤純一（2015）．職場のLGBT読本――「ありのまま
> 　の自分」で働ける環境を目指して．実務教育出版．

XII　難病のある人をどう活かすか

1. はじめに

　難治性疾患（難病）を発症すると，体調の悪化や長期にわたる治療のために，休職や退職を余儀なくされる方が多数おられます。治療により体調が一定安定しても，「自分は元のように働けるのだろうか」と不安を抱いている方にも多くお会いしてきました。

　少子高齢化や医学の進歩等による社会的背景から，ガンや難病等の持病があっても，治療をしながら働き続けることが求められる（また，可能な）時代になってきました。難病があっても，一人ひとりの能力や経験を活かし，社会に貢献するとともに経済的にも自立することは，個人の尊厳にも大きく関わります。

　私は札幌公共職業安定所（ハローワーク札幌）で，2013年から難病患者就職サポーターとして，難病のある人の就労相談を担ってきました。この節では，これまでの業務経験から，難病のある人の就労を支援する基礎的な知識についてまとめましたので，面接などの場合で，ぜひ役立てていただければと思います。

2. 難病のある人への社会的支援

（1）難病法の成立により，医療費助成の対象が大幅に拡大

わが国においては，①原因不明である，②治療方法が確立していない，

③希少な疾病である，④長期療養を必要とする病気を「難病」とし，この4点に加え，⑤患者数が人口比0.1％未満である，⑥客観的な診断基準（またはそれに準ずるもの）が確立している，の2点を満たしているものが「難病の患者に対する医療等に関する法律（難病法）」(2015年1月施行）に定める「指定難病」とされています。

　これにより，国をあげて治療研究を進めるとともに，患者の医療費負担の軽減と，患者が治療を継続しながらも社会参加できるような総合的支援を進めることが定められました。また，医療費助成の対象がそれ以前の56疾患（特定疾患）から2015年7月には110疾患に，その後段階的に増え，2019年には333疾患になりました。

(2) 難病患者が障害福祉サービスの対象に

「難病法」施行前の2013年には，「障害者総合支援法」が改正され，130の難病がこの法律に定める障害に加わりました。それまでは，身体・知的・精神障害などの障害者手帳を持っている人が対象でしたが，この改正により障害者手帳のない難病のある人も障害福祉サービスを受けられるようになりました。さらに，対象疾患が段階的に増え，2019年時点で361疾患になりました（医療費助成を受けられる指定難病よりも，障害福祉サービスを受けられる難病のほうが多い状況です)。

(3) 難病のある人への就労支援──難病患者就職サポーターの配置

　障害者総合支援法に難病が加わったことから，難病のある人の就労支援策として，難病患者就職サポーターが2013年度から15都道府県，2015年度からは47都道府県のハローワークに配置され，月10～15日の相談業務を行っています。

(4) 障害者差別解消法と合理的配慮

　2016年4月施行の「障害を理由とする差別の解消の推進に関する法律（障害者差別解消法）」は，すべての国民が，障害の有無によって分け隔てられることなく，相互に人格と個性を尊重し合いながら共生する社会の実

現に向け，障害を理由とする差別の解消を推進することを目的としています。

　これにより，就労の場面でも行政機関・企業などの事業者に，①障害を理由とする不当な差別的取り扱い禁止，②合理的配慮の提供義務が課せられるようになりました。民間企業に対しては「努力義務」ではありますが，この法律をもとに難病のある人の雇用改善が進むことが求められています。

3. 障害福祉サービスを利用した就労支援

　難病のある人も障害福祉サービスを利用して，就労継続支援A型事業所・B型事業所，就労移行支援事業所などが利用できるようになりました。ハローワークではA型事業所（雇用型）の案内と紹介を行います。

　障害福祉サービスを利用して福祉的就労をする場合，前年度の所得や配偶者の所得に応じて利用料（月9,300円～）が発生する場合があります。

(1) 就労継続支援A型事業所

　A型事業所は雇用型と言われ，最低賃金が保障され事業主と雇用契約が結ばれます。4時間×週5日の勤務が多く，北海道の場合は月7万円程度のパート収入が得られます。週20時間以上の契約であれば雇用保険の対象になります。

　「フルタイムの勤務は自信がないけれど，パートタイムで働いて賃金を得たい」という方にご案内をすることが多い状況です。作業もさまざまですが，難病の方は「肉体労働や立ち仕事は難しい」と言われることが多いので，デスクワーク，軽作業，物づくりなどをご案内することが多いです。

(2) 就労継続支援B型事業所

　B型事業所は，各事業所の収益からそれぞれの工賃を定めています。時給・日給などその額もさまざまです。年齢制限がありませんので，65歳以上の方も利用でき，また体調に合わせて週1日から働くなど対応も柔軟で，A型に比べると自由度が高くなっています。しばらく療養生活を送

り，久しぶりに働いてみたいという方に，通勤などの負荷を含め，体調を維持しながらどの程度の勤務ができるかを試す目的でお勧めする場合もあります。雇用保険が該当しませんので，なかには失業給付を受けながら，リハビリ的に利用している方もいらっしゃいます。

(3) 就労移行支援事業所

移行支援事業所は，一般就労に向けた訓練などを行う所です。パソコンスキルを身につける，働くうえでのコミュニケーションスキルを身につける等が多いようです。また，移行支援事業所の支援員がハローワークや一般企業の面接先に同行するなど，同行支援も行っています。

4. 難病のある人の就労支援施策

(1) ハローワークでの登録

難病のある人や，難病のある人を雇用する事業主が，就労支援策を利用するには，ハローワークの障害者の専門援助窓口が担当部門になります。

難病のある人で，障害者総合支援法の障害福祉サービスを受けられる361疾患（2019年現在）の方には，基本的に障害者求職登録をしていただきます。難病の方で障害者手帳をお持ちの方は2～3割で，多くの方が障害者手帳を持っていませんので，登録の時には「特定医療費（指定難病）受給者証」で病名の確認をします。この医療受給者証をお持ちでない軽症の方や指定難病以外の難病の方には，ハローワーク様式の「医師の意見書」等を提出していただきます。

なかには「障害者」という文言に抵抗があり，一般登録を希望される方もおられ，その場合は本人の意向を尊重します。障害者登録と一般登録の違いはひとつだけで，障害者登録をしていただくと登録自体が永続します。一般登録の場合は一定期間利用がないと登録が無効になってしまいますので，その際は再登録の手続きをしていただきます。

ハローワークとしては，障害者登録をしていただいた方が就職した後に，企業へ助成金の申請書類を送るなどの手続き上の漏れがないという安心感がありますが，一般登録であっても「難病オープン」（後述）で応募し

た場合は，助成金なども使えることになっています。

　残念な点としては，難病があっても障害者手帳をお持ちでない方は，「障害者雇用枠」の対象になりませんので，基本的には「障害者対象求人」に応募することができず，一般求人へのご紹介となります。

（2）難病患者就職サポーターの相談支援――オープン or クローズ

　難病のある人が仕事探しの時に悩まれることは，「病気を伝えて（オープンで）応募するか，病気を伏せて（クローズで）応募するか」ということです。当初，迷う人も多いのですが，相談を進める中で，9割以上の人はオープンで応募しています（ハローワーク札幌の場合）。

　病気を隠してしまうと，定期的な通院の確保が難しくなり病気の悪化が心配です。また，難病のある人の多くは，少しの配慮があれば一般の人と同じように仕事ができますが，クローズの場合はこの少しの配慮をお願いすることが難しくなります。さらに，難病を隠すことで「いつか病気のことが知られてしまうのではないか」と常に不安やストレスを抱えて働かなくてはならないことも病気にはマイナスとなります。

　会社の担当者に連絡をする際に初めから「この方は持病がおありのために定期的な通院が必要で，月に1回1日程度お休みのご配慮をいただけるようであれば応募をさせていただきたい」と話をもっていきます。ただ，「通院が半年に1回」「薬を飲まなくても安定している」「シフト制で平日に休みがある，もしくは土日に通院ができる」など，就労するうえでの特別な配慮が必要ない場合，クローズで紹介するケースもあります。ただし，クローズで紹介の場合，助成金は非該当となります。

　事業主に病名を伝えると，まれに「知っています」と言われる場合もありますが，ほとんどの場合，「どんな病気ですか」と聞かれます。症状や調子が悪い時にはどんな配慮が必要か，通院や服薬に関する配慮，体調に合わせて柔軟に仕事が加減できるか，休憩室で横になれる場所があるかなどの配慮や確認と，業務以外でも突発的に肉体労働（重量物の運搬，冬の除雪作業など）に駆り出される場合もありますので，それらについては免除してもらうようにあらかじめお願いすることもあります。

最初の仕事紹介の時に伝えられることは限られていますし，採用になった後にも上司や同僚が代わることもありますので，自分の口からも配慮してもらいたい内容を伝えることも大事です。その際，「あれもできない，これもできない」となると，誤解がもとでわがままな人だと思われ，同僚との間に溝ができてしまうこともありますので，「日頃からコミュニケーションをとり，信頼関係を築くことが大切」と助言しています。

(3) 新規採用の場合に使える助成金

「特定求職者雇用開発助成金（発達障害者・難治性疾患患者雇用開発コース）」は，障害者手帳のない発達障害のある方と，難病のある方に使ってもらえる助成金として設置されています。これは，難病をオープンにして応募した場合に使っていただける助成金となっています。金額は中小企業に厚くなっており，フルタイムの勤務で半年ごとに30万円を4回，2年間で計120万円，中小企業以外は半年ごとに25万円，1年間で計50万円が支給されます。

「トライアル雇用助成金（障害者トライアルコース）」は，最大3カ月の試行雇用終了後に常用雇用への移行を促進することを目的としています。難病のある人との相互理解や，職場で働けるかどうかを見極めてから常用雇用へ移行し，そうでない場合は3カ月で契約満了となります。事業主には月額4万円，最大3カ月の雇用助成金が支給されます。

(4) 在職中の場合に使える助成金

「障害者雇用安定助成金（障害者職場定着支援コース）」は，障害者手帳のある人と同様，障害者手帳のない難病の人も対象になります。難病特性に応じた雇用管理・雇用形態の見直しや，柔軟な働き方の工夫などの措置を講じる事業主に対して助成するもので，難病のある人の雇用を促進し，職場定着を図ることを目的としています。

七つの対象措置（①柔軟な時間管理・休暇付与，②短時間労働者の勤務時間延長，③正規・無期転換，④職場支援員の配置，⑤職場復帰支援，⑥中高年障害者の雇用継続支援，⑦社内理解の促進）があり，職場定着支援

計画の認定を受けたうえで，「対象労働者」に対して，職場定着に係る措置を実施し，6カ月以上職場に定着させた場合に助成金が支給されます。

このほかに，「障害者職場適応援助コース」（ジョブコーチによる支援），「障害や傷病治療と仕事の両立支援制度助成コース」などがあります。

(5) その他のサービス等

障害者就業・生活支援センター（なかぽつセンター，しゅうぽつセンター）等の相談支援を受けながら就職に結びつけ，就職した後にチーム支援を行うサービスがあります。

退職に至った際，雇用保険（失業給付）の日数について，障害者手帳のある人は，1年以上の勤務なら45歳未満は300日，45歳以上は360日の給付を受けられます。しかし，障害者手帳がない難病の人はこの給付延長がありませんので，一般の人と同じ給付日数（1年以上10年未満の勤務なら90日）しかないことは残念な点です。

病気のために退職し，すぐに就職活動ができない場合は，離職票を持参のうえ，ハローワークで手続きを行うと，失業給付の受給期間の延長ができます。休職後の退職の場合も同様です。通常失業給付は離職後1年で権利が消失しますが，受給期間延長の手続きを行えば，離職日の翌日から最大4年間の延長が可能です。体調が回復した際，ハローワーク様式の医師の診断書を提出すると，延長の解除ができ，失業給付の受給が可能になります。

5. カウンセラーに求められること

(1) 在職中の方の相談内容から――難病のある人が困っていること

実際の相談内容からご紹介しますと，在職中の難病のある人が困っていることは以下のような内容です。

● 難病オープンで採用になったが，管理職は知っていても同じ部署の同僚には知らされていないようで，日々の職場での配慮がほとんどなされない。

- 在職中に難病を発症し，上司に相談し，配置を換えてもらった。人事異動で上司が代わったところ引き継ぎがなされなかったのか，勤務内容や勤務時間などの配慮がなくなり，負担が増えて困っている。
- 休職後復職を目指しているが，以前担当していた業務に戻るのは難しく，配置換えを希望したが応じてもらえず，退職勧奨を受けている。
- 職場内の人事異動で所属部門が3人から2人に減ってしまい，自分が担当する仕事量が増え，こなし切れずに困っている。

(2) 難病のある人が働き続けるために

　難病のある人は，病状・体調に個人差があり，1日の中でも体調に変動がありますし，季節の変わり目に体調が悪くなる人もいます。なかには数年から十数年単位で病状が進行する難病もあります。

　日頃から自分の体調について知ってもらえるように，普段一緒に働いている同僚とのコミュニケーションをまめにとるようにすること，また，体調の悪い時のフォローをお願いできるように，同僚との人間関係を良好に保つことなどが大切です。

　カウンセラーには，本人の病状・体調の状況を聞き取って，どのような配慮があれば良好に仕事を続けることができるのかを整理し，上司との面談時に同席して第三者からの助言をするなどの役割が望まれます。また，必要に応じて産業医と連携し，難病のある人が体調をコントロールしながら業務を遂行できるために，必要な配慮を職場で講じてもらえるよう専門家の立場から進言することが大切だと思います。

　今日では医療の発展により，定期的な通院，服薬，規則正しい生活が送れ，業務量の過重な負担がなければ，ほぼ普通の人と同じように働ける方がたくさんいることも事実です。少しの配慮で長く働き，会社・社会の発展のために貢献する人材を確保・活用していくことが現在の社会には求められています。

6. まとめ

　実は，私の夫も難病患者です。一時期，今から二十数年前に，体調が悪化して生きるか死ぬかという時期もありましたが，入院治療や自宅療養を経て徐々に社会参加ができるようになりました。

　難病のある人にとって，病気が完治しなくても医療の進歩で病状を安定させ，就労が可能になってきたことは本当に嬉しいことです。仕事を通して社会参加することが個人の生きがいにもつながり，経済的な自立も促します。働く人が増えることで納税者も増えていきます。会社・事業所に役に立つ人材を損失させず，能力を発揮する場を与えることは，社会の発展にも大事なことだと思います。

　個人の幸せのためにも社会の発展のためにも，難病の人も就労を通じて社会参加をしていくことが重要だと，難病患者就職サポーターの業務を通じて日々感じております。

参考・引用文献

〈Ⅴ．転職したい〉
小玉一樹（2018）．組織アイデンティフィケーションと職務満足が離転職意思に及ぼす影響——従業員の組織内キャリアに着目して．産業カウンセリング研究，**19**(2)，97-106.

〈Ⅷ．うつかもしれない〉
日本産業精神保健学会（編）（2000）．職場におけるメンタルヘルス対策——精神障害等の労災認定「判定指針」対応．労働調査会.

〈ⅩⅠ．職場における多様な性〉
佐々木掌子（2016）．セクシュアル・マイノリティに関する諸概念．精神療法，**42**(1)，9-14.

〈ⅩⅡ．難病のある人をどう活かすか〉
独立行政法人高齢・障害・求職者雇用支援機構障害者職業総合センター（2018）．難病のある人の雇用管理マニュアル.
http://www.nivr.jeed.or.jp/download/kyouzai/kyouzai56.pdf（最終確認日：2019年10月6日）
厚生労働省（2018）．障害者雇用のご案内——共に働くを当たり前に.

https://www.mhlw.go.jp/file/06-Seisakujouhou-11600000-Shokugyouantei
kyoku/0000201963.pdf（最終確認日：2019 年 10 月 6 日）
厚生労働省「難病患者就職サポーター配置安定所」
　　https://www.mhlw.go.jp/file/06-Seisakujouhou-11600000-Shokugyouantei
kyoku/nansapo-haichiHW.pdf（最終確認日：2019 年 10 月 6 日）
厚生労働省「特定求職者雇用開発助成金（発達障害者・難治性疾患患者雇用開発コー
ス）のご案内」
　　https://www.mhlw.go.jp/content/11600000/000503129.pdf（最終確認日：2019 年
10 月 6 日）
内閣府「障害者差別解消法リーフレット『障害者差別解消法がスタートします！』」
　　https://www8.cao.go.jp/shougai/suishin/sabekai_leaflet.html（最 終 確 認 日：
2019 年 10 月 6 日）
　　※上記リーフレットのダウンロード
　　https://www8.cao.go.jp/shougai/suishin/pdf/sabekai/leaflet-p.pdf

第5章 メンタルヘルス不調を予防する取り組み

Ⅰ セルフケアとラインケア

1. 四つのケア

　日本の企業におけるメンタルヘルス対策は，厚生労働省が示す「労働者の心の健康の保持増進のための指針（メンタルヘルス指針）」に基づいて展開がなされています。この指針は産業・労働領域に関わるカウンセラーが必ず知っておくべき重要なもので，「労働安全衛生法第70条の2第1項の規定に基づき，同法第69条第1項の措置の適切かつ有効な実施を図るための指針」として位置づけられています。

　第69条第1項には「事業者は，労働者に対する健康教育及び健康相談その他労働者の健康の保持増進を図るため必要な措置を継続的かつ計画的に講ずるように努めなければならない」と，事業者の健康保持増進措置の努力義務が示されており，労働安全衛生法第70条の2第1項では「厚生労働大臣は，第69条第1項の事業者が講ずべき健康の保持増進のための措置に関して，その適切かつ有効な実施を図るため必要な指針を公表するものとする」として，指針の意味づけがなされています。

　このメンタルヘルス指針では**表5-1**に示されるように「4つのケア」という枠組みが示されており，「セルフケア」「ラインによるケア」「事業場内産業保健スタッフ等によるケア」，および「事業場外資源によるケア」を継続的かつ計画的に実行していくことが重要とされます。ここでは「セルフケア」「ラインによるケア」について記していきます。

表5-1 「4つのケア」

	内　容	具体的な例
セルフケア	労働者自身が自らのストレスに気づいて対処すること，事業者がそれを支援すること	セルフケア研修，ストレスチェック，面接指導
ラインによるケア	職場の管理監督者が行うケア。職場や業務の状況の把握と改善，部下の相談対応などを指す	職場環境や業務状況の把握改善，部下の相談対応
事業場内産業保健スタッフ等によるケア	事業場の産業医・保健師等の産業保健スタッフが行うケア	労働者や管理監督者への支援，メンタルヘルス対策企画立案
事業場外資源によるケア	事業場の外部の専門的な機関や専門家を活用して支援を受けること	産業保健総合支援センター，従業員支援プログラム（EAP），外部医療機関紹介

岩崎（2015）から引用

2. セルフケア

　心の健康づくりを推進するためには，まず労働者自身がストレスに気づき，対処するための知識・方法を身につけ，それを実施するセルフケアが重要です。ストレスに気づくためには，労働者がストレスや心の健康について理解するとともに，自らの状態について正しく認識できるようにする必要があります。このため，事業者は労働者に対して，**表5-2** に掲げられるセルフケアに関する教育研修，情報提供を行い，心の健康に関する理解の普及を図ることとされています。

　また事業者は，労働者によるメンタルヘルス不調への気づきを促進するため，事業場の実態に応じて，その内部に相談に応ずる体制を整備したり，事業場外の相談機関の活用を図るなど，労働者が自ら相談を受けられるよう必要な環境整備を行うことが求められます。そして，労働者のストレスへの気づきのために，労働者自らが随時ストレスチェックを行うことができる機会を提供することも効果的です。

表 5-2　労働者への教育研修・情報提供内容

①メンタルヘルスケアに関する事業場の方針
②ストレスおよびメンタルヘルスケアに関する基礎知識
③セルフケアの重要性および心の健康問題に対する正しい態度
④ストレスへの気づき方
⑤ストレスの予防，軽減およびストレスへの対処の方法
⑥自発的な相談の有用性
⑦事業場内の相談先および事業場外資源に関する情報に関する基礎知識

3. ラインによるケア

　管理監督者は，部下である労働者の状況を日常的に把握しており，また，個々の職場における具体的なストレス要因を把握し，その改善を図ることができる立場にあります。よって，メンタルヘルス対策においては管理監督者による職場環境等の把握と改善，部下の不調への気づき，そして労働者への相談対応といったラインケアが重要となります。とりわけ長時間労働などにより疲労の蓄積が認められる労働者，強度の心理的負荷を伴う出来事を経験した労働者，その他，特に個別の配慮が必要と思われる労働者から話を聞き，適切な情報を提供し，必要に応じ事業場内産業保健スタッフ等や事業場外資源への相談・受診を促す必要があります。

(1) 職場環境等の把握と改善

　労働者の心の健康には，作業環境，作業方法，労働時間，仕事の量と質，セクシュアルハラスメントなど職場内のハラスメントを含む職場の人間関係，職場の組織および人事労務管理体制，職場の文化や風土などの職場環境などが影響を与えるものです。これら職場環境等の改善は，労働者の心の健康の保持増進に効果的です。

　職場環境等を改善するためには，まず職場環境等を評価し，問題点を把握することが必要です。把握のためには，管理監督者による日常の職場管

理や労働者からの意見聴取，ストレスチェック制度において集団分析結果を活用することも有効です。問題点を把握したら，職場環境のみならず，勤務形態や職場組織の見直しなどさまざまな観点から職場環境等の改善を行います。必要に応じて，産業保健スタッフや外部 EAP（140頁）などの事業場外資源と協力しながら，継続的に改善を図っていくことが重要です。

(2) メンタルヘルス不調への気づきと対応

メンタルヘルスケアにおいては，ストレス要因の除去または軽減や，労働者のストレス対処などの予防策が重要ですが，これらの措置にもかかわらず，メンタルヘルス不調に陥る労働者が発生してしまった場合は，その早期発見と適切な対応を図る必要があります。管理監督者は「いつもと違う様子」を手がかりに部下の不調に気づき，気づいたらまず声をかけて部下の話を聴くなど，具体的な対応を行っていきます。

相談などによって把握した情報をもとに，部下に対して必要な配慮を行うこと，必要に応じて産業医や事業場外の医療機関につないでいくことが安全配慮として大事な関わりとなります。その際，事業者は個人情報の保護に十分留意しつつ，労働者，管理監督者，家族などからの相談に対して

表 5-3　管理監督者への教育研修・情報提供内容

①メンタルヘルスケアに関する事業場の方針
②職場でメンタルヘルスケアを行う意義
③ストレスおよびメンタルヘルスケアに関する基礎知識
④管理監督者の役割および心の健康問題に対する正しい態度
⑤職場環境等の評価および改善の方法
⑥労働者からの相談対応（話の聴き方，情報提供および助言の方法等）
⑦心の健康問題により休業した者の職場復帰への支援の方法
⑧事業場内産業保健スタッフ等との連携，およびこれを通じた事業場外資源との連携の方法
⑨セルフケアの方法
⑩事業場内の相談先および事業場外資源に関する情報
⑪健康情報を含む労働者の個人情報の保護等

適切に対応できる相談体制を整備し，これを日頃からプロモーションしていくことが求められます。

　なお，事業者は，管理監督者に対しては**表5-3**に掲げられるラインケアに関する教育研修，情報提供を行うよう推奨されています。つまりカウンセラーは，これらの項目をふまえてラインケア研修を行うことができたら，多くの企業で活躍できるはずです。

▶さらに学びを深めるために

大阪商工会議所（編）(2017)．メンタルヘルス・マネジメント検定試験公式
　テキスト　Ⅲ種　セルフケアコース［第4版］．中央経済社．

Ⅱ 事業場内産業保健スタッフ等によるケア，事業場外資源によるケア

　メンタルヘルス指針で示される四つのケア（103頁）のうち，「事業場内産業保健スタッフ等によるケア」および「事業場外資源によるケア」を解説し，関わる専門職・専門機関の種類，およびその連携方法について説明します。

　メンタルヘルス対策は，労働安全衛生法第18条において「衛生委員会で審議する」と定められており，労働安全衛生管理体制のもと，事業場全体で推進していくことが重要です。そして，メンタルヘルス不調をきたしている労働者への対応などについては，事業場内産業保健スタッフもしくは事業場外資源を活用していくことが不可欠となっています。

1.「事業場内産業保健スタッフ等」とは

　中小企業や零細企業で，事業場内に医師や心理職などの専門職が常駐しているケースはまれでしょう。ただ，社員数が数千人いるなど，大企業になるほど社内に「健康管理センター」「健康相談室」などの名称で専門の部門が存在しています。ここでは，企業内で健康管理を担当している産業保

健スタッフについて，中心となる「産業医」を筆頭に「衛生管理者」「心の健康づくり専門スタッフ」の3種を取り上げ，解説していきます。なお，「事業場内産業保健スタッフ等」の「等」には，人事労務管理スタッフなどが入るとされます。

(1) 産 業 医

一定の要件を備えた医師である産業医は，常時50人以上の労働者がいる事業場において選任しないといけないことになっています。職場環境などの改善，健康教育・健康相談その他，労働者の健康の保持増進を図るための措置のうち，医学的専門知識を必要とするものを行います。

具体的には，事業場の「心の健康づくり計画」の策定に助言，指導などを行い，これに基づく対策の実施状況を把握します。専門的な立場から，セルフケアおよびラインによるケアを支援し，教育研修の企画および実施，情報の収集および提供，助言および指導などを行います。また，長時間労働者やストレスチェックの高ストレス者に対して面接指導を行うことも重要な役割となっています。就業上の配慮が必要な場合には事業者に必要な意見を述べ，専門的な相談・対応が必要な事例については事業場外資源との連絡調整などにも関わります。

(2) 衛生管理者

衛生管理者は，労働安全衛生法で定められた国家資格者です。常時50人以上の労働者がいる事業場では，衛生管理者を選任しないといけないことになっています。心の健康づくり計画に基づいて，産業医の助言，指導などをふまえ，具体的な教育研修の企画および実施，職場環境などの評価と改善，心の健康に関する相談ができる雰囲気や体制づくりを行います。またセルフケアおよびラインによるケアを支援し，その実施状況を把握するとともに，産業医などと連携しながら事業場外資源との連絡調整にあたることもあります。

(3) 心の健康づくり専門スタッフ

精神科医，心療内科医，精神保健福祉士，公認心理師，臨床心理士など
の主に心の専門職が該当します。事業場内に心の健康づくり専門スタッフ
がいる場合は，産業医などと協力しながら，教育研修の企画・実施，職場
環境等の評価と改善，労働者および管理監督者からの専門的な相談対応な
どにあたります。同時に，専門性によっては，専門的立場から事業者へ助
言などを行うことも有効となります。

2.「事業場外資源」とは

行政としては，特に中小規模事業場におけるメンタルヘルス対策の促進
に，事業場外資源を積極活用するよう提言を行っています。メンタルヘル
ス指針においても，「事業場外資源」活用の有用性が謳われており，公的
機関としては産業保健総合支援センター，地域窓口（地域産業保健セン
ター）のような機関が，その役割を期待されています。一方，民間の EAP
機関（第6章Ⅲ「EAP」140 頁を参照）も「事業場外資源」のひとつとし
て位置づけられています。

EAP 機関は，各企業のニーズに応じ，ある程度サービス内容のアレン
ジが可能であることが，公的機関との大きな違いです。その他，各健康保
険組合などにも，相談窓口が設置されている場合が多いといえます。外部
の医療機関も事業場外資源として位置づけられますが，ここは後述します。

企業がメンタルヘルスケアを行う際は，事業場が抱える問題や求める
サービスに応じて，事業場外資源を活用することが有効です。また，労働
者が相談内容を事業場に知られることを望まないような場合にも，事業場
外資源を活用することが効果的といえます。事業場外資源の活用にあたっ
ては，これに依存することによって事業者がメンタルヘルスケアの推進に
ついて主体性を失わないよう留意すべきです。このため事業者は，メンタ
ルヘルスケアに関する専門的な知識，情報などが必要な場合は，人事労務
管理スタッフおよび事業場内産業保健スタッフが窓口となって，適切な事
業場外資源から必要な情報提供や助言を受けるなど，円滑な連携を図るよ

う努めることが必要です。

3. 医療機関

　ストレスが高じて疾病へと至ってしまった場合には，すぐに専門の医療機関を受診する必要があります。そのため，必要に応じ速やかに労働者を事業場外の医療機関に紹介するためのネットワークを，日頃から形成しておくことが重要といえます。

　メンタルヘルス不調を扱う医療機関の診療科目は，「精神科」「神経科」「精神神経科」「心療内科」などが挙げられます。こころの疲れが主に不安・落ち込みなどのかたちで心理面に強く現れれば精神科の領域で，動悸・腹痛・下痢・頭痛・高血圧・喘息など身体面に強く症状が出れば心療内科の領域といってよいでしょう。心療内科では，ストレスによる身体症状（心身症）を扱う場合が多いため，身体的な治療と同時に薬物療法などによりリラックスを図る治療が併行して行われる場合が多いですが，ただ実質的にはどこまでが精神科でどこまでが心療内科でないといけないという境界は明確ではありません。

　「精神科」と「神経科」は，ほぼ同義に使用されており，「精神神経科」という名称が使われることもあります。最近は「メンタルヘルス科」など，なじみやすい名称を掲げているところもあります。なお，「神経内科」は神経系（脳・脊髄・末梢神経・筋肉）の異常により生ずる病気を扱う診療科目のため，注意が必要です。精神科では，主に薬物療法を中心として，生活指導や，患者の話を聞き一緒に解決策を考えていく精神療法などを行っています。

　医療機関は診療所（クリニック）と病院の二つのタイプに分かれます。クリニックは駅の近くなど気楽に通える医療機関といえ，診療時間も勤労者が通いやすいよう夜間や土曜にも開いている所が多くなっています。病院は医療法で20人以上の患者を入院させられる施設を有していることが要件となっていて，外来診療と同時に主に入院が主体です。最近は勤労者が安心して休養できる「ストレスケア病棟」を有する病院も増えています。

4. 専門家へのリファー

メンタルヘルス不調が疑われる場合には，速やかに専門家につなげる必要がありますが，ただ「どういう状態だと専門家が必要か」「どうやって専門家につないだら良いのか」という2点は，判断なり対応が難しいポイントといえます。精神的な問題に関して専門家を勧めるというのは，勧める側も勧められる側も，多分に抵抗が生じるものです。

まず，「どういう状態だと専門家が必要か」という点ですが，ここは「睡眠が十分にとれているかどうか」がひとつの判断基準となるでしょう。睡眠障害は，あらゆるメンタルヘルス不調にたいていつきまとう問題といえます。睡眠が十分にとれていない場合，メンタルヘルスはさらに悪化していくことになります。「睡眠はとれていますか？」など，比較的質問しやすいポイントでもあります。「睡眠が十分でない状態が，2週間にわたって継続している時」というのが，専門家につなぐ基準ととらえて問題ないでしょう。

次に，「どうやって専門家につなぐか」というリファーの方法ですが，事業場内に産業保健スタッフなどの専門家がいる場合には，まず内部の専門家につなぐことを検討していきます。たとえば，ある社員に産業医を勧める場合，普段から「社内に毎週産業医が来ている」など部署内で情報周知がなされていたら，勧めやすさも高まります。勧め方としては，「眠れないなら，専門家に診てもらったら？」と睡眠を取り上げ，同時に「心配だから，一度会ってみてほしい」と，"私は君を心配している"という伝え方をするのも効果的です。特に管理監督者に対して，部下に専門家を勧める方法を示す「コンサルテーション」は，産業分野において大事な関わりとなっています。

▶さらに学びを深めるために

大阪商工会議所（編）(2017). メンタルヘルス・マネジメント検定試験公式テキスト　I種　マスターコース［第4版］. 中央経済社.

Ⅲ ストレスコーピング研修

1. ストレスコーピング法

　カウンセリングなどの心理的アプローチは，環境と個人の相互作用で生じる葛藤や問題について，心理的側面から解決を目指しますが，人間は心身が一如であり，心理的葛藤があれば身体になんらかの変調が起きており，身体の不調は心理的な不安定さを引き起こします。このようなことから，心身を包括したモデルであるストレス理論は支援のために有用であり，医学モデルやシステム理論と融合させて理解しやすい理論といえます。また「ストレス」という用語がすでに一般的に使用されているので，クライエントや一般の人たちの理解が得やすく，ストレスコーピング法の心理教育を行い，ダメージからの回復と予防のためのセルフケア法，あるいはラインケアの方法として役立てることができます。

2. ストレスコーピング研修の実際

　ストレスコーピング研修では，次のような 7 STEP でストレスコーピング法を学習してゆきます。

STEP 1：ストレス理論に基づく，正しい知識の学習

　「ストレッサー」「心と体の仕組み」「ストレス反応」を区別します。日常的には「ストレス」の用語は「ストレッサーが多い」「ストレス反応が生じている」が区別されずに使用されています。「ストレッサー」の説明では，①「ライフイベント研究」の紹介により，人生において誰でも遭遇する可能性があること，②「日常的な出来事（ハッスル）」も大きな影響をもつこと，③「心理的ストレッサー：否定的な回想・予期・思考」によりストレス反応が生じること，④すべてのストレッサーの総和が「心と体の仕組み」に影響することなどを伝えます。

　「心と体の仕組み」では，①セリエ理論と②ラザラスの認知理論の説明，

③自律神経系と内分泌系の働き，④ストレス反応・抵抗力の時間的変化の理解が重要です。「ストレス反応」では，①ストレス反応は，人間がもつ自然な反応であること，②心理面，行動面，身体面に現れること，③個人差があることを説明します。

STEP 2：ストレスが原因となる疾患やストレス障害についての理解

　①ストレス反応は自然な反応ですが，対処能力を超えたストレッサーへの暴露や長期的に持続するストレス反応により，心身症やストレス障害に至ることを説明します。②最近の研究では，中枢神経(脳)系-自律神経-内分泌系-免疫系の連関があり，うつ病，ガンなどの関連が報告されています。③ストレス反応は，自律神経や内分泌系，免疫系を介して全身のすべての細胞に影響を及ぼすため，ストレス障害は個人によって多様で全身のさまざまな部位に現れます。

STEP 3：ストレス理論の知識を活用して，自分の問題としてとらえる

　知識を理解しても実際に役立てることはできません。自分の体験と照らして知識を使えるようにセルフワークを行います。①ストレッサーの棚卸し：自分が直面しているストレッサーをすべて書き出します。また，その特徴を検討します。②そのストレッサーによって生じている（あるいは過去に生じた）ストレス反応（心理面，行動面，身体面）をすべて書き出します。③個人作業として，①ストレッサー，②ストレス反応を書き出した後で，グループで話し合いを行い，個人差があること，多様な反応があることを学びます。

STEP 4：ストレスコーピング法の理解とレパートリーの拡大

　「ストレスコーピング」は，個人がストレスとなる場面や状況に遭遇した際に，そのストレスを軽減，克服するためのプロセスであり，西洋，東洋においてさまざまな方法が開発されています。

　　①ストレッサーとなる問題を解決することが重要です。ストレッサーがなくなればストレス反応は低減します。すべてのストレッサーが

解決しなくても，解決できるものから解消することができれば，ストレッサーの総和が低減することになります。ストレッサーの棚卸しリストから，解決可能なものを探してみます。

②ストレッサーに対する自分の認知を検討します。自分が対処できなくても，どこかにその解決法があると考えましょう。そして自分で抱え込まないで，いろいろな人に相談して新たな解決方法を探しましょう。もしその方法があるなら，挑戦してスキルを身につける良い機会と考えましょう。

③各自が日常行っている「ストレス解消法」を書き出します。自己の経験則に基づいて，ストレスを軽減する「ストレス解消法」は一定の効果があります。多くの場合，ストレス反応を軽減してくれる効果があり，何度も自己流のストレス解消法を使用していますが，限界もあります。

④すでに効果が確認されているコーピング法を紹介します。リラクセーション法，マインドフルネス，瞑想法，有酸素運動や，漸進的筋弛緩法，アクティブなリラクセーション，ユーモア等が有効です。

STEP 5：リラクセーション法の実習

リラクセーション法はストレス低減効果が高く，継続することでストレス耐性が高まります。①呼吸法や，筋弛緩法，瞑想法は道具を使用しないで，いつでも，どこでも実施できます。②実習体験することで，コーピング法によるストレス低減の必要性を実感することができます。

STEP 6：自分に合ったコーピング法の発見

各自が行ってきた「ストレス解消法」に加えて，コーピング法のレパートリーを増やします。

①コーピング法のアイデアを書き出します（ブレインストーミング的に）。

②実際にいろいろなコーピング法を試してみて，自分の反応をモニタ

リングし，自分に合ったコーピング法を探します。この繰り返しの作業により，自分に合った効果の高いコーピング法が見つかるとともに，脳内で前頭葉が，感情脳を制御する訓練となり，ストレッサーやストレス反応に対する統制力が増大すると考えられています。

③ハーバート成人発達研究所の縦断的研究では，健康にとって孤独が最も害があり，信頼でき援助を求めることができる仲間の存在が健康や幸福感と高めるとしています。良き人間関係を構築することがコーピング法としても重要です。

STEP 7：日常生活での継続練習

毎日の継続練習で，ストレス耐性が高まります。また，急に生じたストレス反応を適切に低減して落ち着いて対処ができるようになります。

3. カウンセリングとの併用について

カウンセリング場面で，クライエントの訴えの中に，イライラする，夜眠れないなどのストレス反応がある場合，心理的課題を解決することに加えて，ストレスコーピング法やリラクセーション法を心理教育して，心身の落ち着きを回復させることが有効です。心身の症状が重篤である場合は，病気の可能性が高く，医療的な診断や治療が必要であるが，日常を落ち着いて生活するためにストレスコーピング法を活用することで，病気からの回復や予防に役立つことが多いといえます。

4. ストレスチェック制度との併用

ストレスチェック制度が施行されています。メンタル不調者・ハイリスク者をスクリーニングすることも大切ですが，予防するためのセルフケア＆ラインケアの実施が重要といえます。セルフケア＆ラインケアの具体的な研修として，ストレスコーピング研修を実施することが望まれます。

5. 災害時などの危機介入の支援において

災害などのダメージからの回復やPTSDの予防においても，ダメージ

直後の急性期のストレス反応を軽減するためにストレスコーピング法が積極的に活用されています。

IV コミュニケーション研修

コミュニケーション研修の導入は，メンタル不調の防止に最も効果的な方法です。なぜなら，職場においてメンタルの不調を訴えてくるクライエントの多くが，身近な人間関係による悩みを抱えているからです（第4章 I「人間関係がうまくいかない」40頁を参照）。

具体的には，「上司にきつくあたられて疲弊している」「部下の指導に苦慮し追いつめられている」「職場に相談できる相手がおらず孤立している」といった具合です。

職場において，人間関係は職場環境そのものであり，人間関係さえよければ，多少，業務内容がきつくても，報酬が低くても働きやすい場と言えるのが現状です。実際に，職員間の連携がスムーズにとれている部署では，メンタル不調が起こりにくく，起こったとしても早期解決ができています。

1. コミュニケーション研修の効果

私が，企業研修に関わるようになった2000年以降，メンタル不調を予防するために行われていた研修の多くは，「うつとは何か」「うつになったらどうすればよいか」といった心の不調への知識を伝えるものでした。実際に私もそのような内容の研修をしておりましたが，メンタル不調者は減るどころか，啓発したことにより，それまで潜んでいた問題が表面化し，増え続ける感じを受けていました。同僚の研修講師の中には，研修したことで「うつを認識できる人が増えた」と効果を喜んでいる者もいましたが，納得がいかない部分がありました。

私自身は，研修だけでなくカウンセリングを通じた相談業務を併せて行っていたことから，不調の原因が人間関係にあると実感し，コミュニ

コミュニケーション研修を含むメンタルヘルス研修を実施した金融機関の例

平成 24 年度下半期から開始。管理職から新入職員まで，全職員対象に段階的に導入。職員数は約 600 名。

●メンタル不調により人事介入（休職・時短などの対応）した人数

平成 24 年度上半期	11 名
平成 25 年度上下半期合計	2 名
平成 27 年度上半期	0 名

ケーションの在り方こそが予防につながると思い，メンタルヘルス研修の依頼を受けた折に，コミュニケーションスキルアップの内容を取り入れていきました。すると，明らかにメンタル不調者が減っていくようになったのです。受講者アンケート結果を見ても，「この職場を辞めようと思っていたのだけれど，研修を受けて，もう一度やってみようと考え直した」といった声も聞かれました。

　その他にも「上司にどう伝えればわかってもらえるのか悩んでいましたが，実践的な関わり方を教えてもらって自分の意見を言えるようになりました」「部下が思うとおりに動いてくれずに，いつも同じことにイライラしていたが，行き違いの起こる原因がわかり指示出しがグンと楽になり，関係性も良くなった」などのご意見を多く頂戴し，方向性は間違っていないと確信しました。人間関係の構築や改善に必要なのは，コミュニケーション能力であり，日々のちょっとした関わりスキルが有効になります。それ以降は，メンタルヘルス対策の研修依頼を受けると，必ずコミュニケーション研修を提案することにしています。

　具体的には，どのような内容かというと，大きく二つの柱があります。

2. コミュニケーション研修で取り入れるべき内容

(1) 信頼される聴き方（傾聴スキル）

　社会人となれば，また，ある程度の年を重ねていれば，一定のコミュニケーションは身についているととらえられがちですが，そうではありませ

ん。

　特に日本人は，察する文化の中で生活しており，多くを言葉でやり取りせずに雰囲気で察するということをしがちなので，自分勝手な思い込みが先行して，相手と行き違うことが生じます。

　人の話を聴くスキルは，相手から信頼を得るために必須のもので，聞いている表情や態度で印象はかなり違ってきます。丁寧に対応してもらっている，真摯に向き合ってもらえていると相手が感じることが信頼関係を築く手助けとなります。

　たとえば，話を聴く時には，「相手の目を見る」ということがよく言われます。視線を合わせるということは承認のサインでもあるので，相手と対応している時には必要なスキルではあるのですが，それだけを鵜呑みにしてしまうと都合が悪いことがあります。なぜなら，「至近距離で見つめられる」「じっと見続けられる」ことに対し，緊張感や圧迫感を覚える人も少なくないからです。無理に見つめるのではなく，距離感や関係性も意識したうえで一定のスキルを知り，コツがつかめると，一気に話を聴くのが楽になります。

　また，傾聴スキルの中に「繰り返し」という技法がありますが，これも違ったかたちで身につけてしまっているのを目にします。リピートのような感覚で，相手の言ったことを復唱する対応は，通常会話の中では不自然で，場合によっては馬鹿にしているのかと思われることさえあります。相手の気持ちの受け止めや，伝えたい表現を相手の使った表現を変えずにとり入れることが繰り返しのコツなのですが，テキストで学ぶとなかなかうまくいきません。

　こうした知識を得ただけでは体得できないニュアンスを含むスキルを，実践の中で身につけてもらうことが大切かと思います。そのためには，講義形式ではなくワークショップや双方向による体験型の研修が有効です。研修内はもとより，職場で顔を合わせながらも話したこともなかった人と関わることによって，その後の業務がスムーズにいくようになったといった，プラスアルファのメリットも多く聞かれます。しかし，非常にコミュニケーションの希薄な職場だと，ごく一部，「周りと話をする研修形態が

嫌だった」という意見が聞かれることがあります。それほど周りの人と話したくないような環境は，由々しき問題です。そういった意見が出る職場は，よりいっそうコミュニケーションがとれるような方策が必要になります。

(2) 伝わる伝え方

また，伝え方（アサーションスキル）が傾聴スキルとともに車輪の両輪のごとく必要です。

察する文化の中で培われた曖昧表現が，行き違いトラブルの元凶になっています。「このぐらいのこと言わなくてもわかる」といった具合に，言葉で具体的に伝えることを躊躇しがちだからです。

たとえば，「後で報告しにきて」といった「後」の時間感覚は，人によって大きく違います。実際に，5分後と認識する場合と，数日後でもよいと認識するケースすらあるのです。「ちゃんとやってください」「きちんと準備して」「できるだけ出席して」なども，人によってまったく感覚の次元が違ってくることもあります。挙げればきりがありません。

具体的に伝えていないにもかかわらず，感覚の違いに気づかずに，思うように動いてくれない相手に対し腹立たしさを覚えるのです。それが重なると，相手に対して「不信感や不満感」が募り，普段の関わり方にも影響が出ます。

伝わらないような関わり方をしながら，相手にわかってもらえないというのは，あまりに傲慢です。どうしたら相手に伝わる伝え方ができるのかといったポイントを学ぶことで，自分の思いを相手に言葉で伝えることに抵抗感をなくしていきます。

思いが相手に伝わらないというのは，非常にストレスがかかることですので，スムーズなやり取りが可能になることで，メンタル不調を防ぐ一助になります。

3. ハラスメント教育

もうひとつ大切なのは，ハラスメントに関する正しい知識です。「相手

が嫌がることをしない」といった定義のあるハラスメントを防ぐために
は，相手との適切なコミュニケーションスキルが必要になります。ハラス
メントは，相手との距離感や気持ちを把握できていないからこそ起こる問
題でもあります。しかし，知識だけが増えていくと「これをしたらハラス
メントになるかも」「○○と言ったらハラスメントだ」という思いから，結
局何も関われなくなり，よりいっそうコミュニケーション不足に陥りま
す。コミュニケーション不全が起これば，相手との信頼関係を構築してい
くことは不可能なので，さらにハラスメント問題が起こりやすくなるので
す。それを防いでいくためにも，行き違いのない使えるコミュニケーショ
ンスキルを身につけることが大切なのです。

▶ さらに学びを深めるために

大野萌子 (2014).「かまってちゃん社員」の上手なかまい方. ディスカヴァー・
　トゥエンティワン.
大野萌子 (2017). 介護職のための職場コミュニケーション術──伝え上手,
　聞き上手になる！　中央法規.

Ⅴ　中小企業のメンタルヘルス対応

1. 進んでいない中小企業のメンタルヘルス対策

　厚生労働省の「労働安全衛生調査（実態調査）」などによると，メンタル
ヘルス対策に取り組んでいる事業所の割合は，1992 年の 22.7％から 2013
年には 60.7％へと増加しましたが，ここ数年は頭打ち状態が続き，2019
年 8 月公表の 2018 年度の数字では 59.2％でした。
　事業場の規模別に見ていくと，従業員 100 人以上の事業場では 97％を
超えているのに，100 人未満，なかでも 50 人未満の事業場のメンタルヘル
ス対策が進んでいないことが，国全体としての取り組み結果に大きな影響
を与えているといえます（2018 年調査結果）。

では，中小企業でメンタルヘルス対策がなぜ進まないのでしょうか？

取り組んでいない事業場にその理由を尋ねたところ，「該当する労働者がいない」39.0％という回答が約4割と最も多く，ついで「取り組み方がわからない」25.3％，「必要性を感じない」21.8％でした。そして，取り組んでいない事業場の7割近くが，「今後，メンタルヘルス対策に取り組む予定がない」と回答しています（2013年調査結果）。つまり，中小企業の経営者からすると，「当社にはメンタルヘルス不調者はいないから，対策の必要性を感じていないし，これからも取り組むつもりがない」というわけです。

さらに，独立行政法人労働政策研究・研修機構が2011年6月に公表した「職場におけるメンタルヘルスケア対策に関する調査結果」によると，職場でメンタルヘルス不調者が現れる原因を尋ねたところ，67.7％もの経営者が「本人の性格の問題」と回答しており，「職場の人間関係」（58.4％）を押さえてトップでした。企業側の本音としては，メンタルヘルス不調は「会社の問題」ではなく，「本人の性格の問題」だとする考え方が根強いことを表していると言えるでしょう。

2. 中小企業がメンタルヘルス対策に取り組まないリスク──

しかしながら，職場のメンタルヘルス対策をおざなりにするということには，大きなリスクがあります。仕事が原因で従業員が過労死やうつ病になったと労災認定された場合，企業は労働基準法上の災害補償責任を負うことになります。そこに長時間労働や残業代未払いなど労働基準関係法の違反があれば，罰金などの刑事罰の対象となります。近年では厚生労働省が「労働基準関係法令違反に係る公表事案」にて定期的に社名を公表していますので，マスコミやインターネット上で，いわゆる「ブラック企業」として，取り上げられることにもつながります。現に社名が公表された後，公共事業の指名停止にあったり，株価が下落したり，人材採用の募集の応募が大幅に減少したりするなど，さまざまな経営リスクにさらされた企業もあります。大企業以上に中小企業のほうが，そのダメージは大きいといえるでしょう。

3. 中小企業でのメンタルヘルス対策の始め方――――――

では，どのように職場のメンタルヘルス対策を進めていけばよいのでしょうか？

中小企業でメンタルヘルス対策を始める時点で，よくある失敗には二つのパターンがあります。ひとつは，社長からメンタルヘルス担当として任命されたことで，張り切ってはみたものの，社内を動かす仕組みがうまくできず，結局，担当者がひとりで空回りしてしまったというものです。その結果，その担当者自身がメンタルヘルス不調になってしまったという笑えない事例も見聞きします。

逆にもうひとつは，社長自らメンタルヘルス対策が重要だと気づき，自分でカウンセラーの資格をとって取り組もうとしたのだけれども，周りの社員は皆冷ややかに見ているだけというものです。「社長が変な宗教にはまった」と社員から思われてしまった事例もあります。

これらを踏まえ，中小企業でメンタルヘルス対策を進めるうえでは，社長などの経営者自身がまず「当事者意識」をもつと同時に，任命されたメンタルヘルス担当者が「熱意」をもって，積極的に周囲を巻き込みながら，その職場に応じた方法で対策を進めていくことが重要です。この両方が掛け合わさって，初めて職場のメンタルヘルス対策の歯車がうまく回っていくといえます。

さらに，最近では，経済産業省などが中心となって進めている「健康経営」というキーワードも社会に浸透してきました。この考え方や実践は，職場のメンタルヘルス対策をほぼ網羅しています。その点で，先述の「メンタルヘルスは，本人の性格の問題なのでは……」と考えている中小企業の経営者が，メンタルヘルス対策を始めるきっかけづくりとしては，ネガティブな響きのある「メンタルヘルス」ではなく，「健康経営」という言葉を使ったほうが，経営者の心に響くのではないかと思われます。

4. 中小企業でのメンタルヘルス対策：五つのステップ――――

これらを踏まえて，中小企業がメンタルヘルス対策を進める際の手順を

五つのステップに沿ってご紹介します。

> **第1ステップ：**
> 　経営者が積極的に取り組むと方針を示し，担当者を任命する

　先に述べたように，経営者の当事者意識と担当者の熱意の両輪があって，初めて職場のメンタルヘルス対策が動き出し回っていきます。まず，朝礼時やポスター掲示などで，経営者自ら従業員の健康に配慮した働きやすい職場づくりにきちんと取り組んでいくという方針を伝えましょう。また，厚生労働省がメンタルヘルス指針で示している「心の健康づくり計画」を策定するのもよいでしょう。

> **第2ステップ：担当者を中心にして社内に相談窓口をつくる**

　続いて，そのメンタルヘルス担当者が中心となって，社内に相談窓口をつくりましょう。中小企業の場合，保健師・看護師などによる専任の産業保健スタッフによる相談窓口を設けることは難しいかもしれません。その点では，人事労務担当者が，日常的には人事や総務関連のメインの業務をもったうえで，サブ業務として相談窓口を担うというかたちが，現実的であります。

> **第3ステップ：**
> 　担当者が実際に現場に行き，全従業員と定期的に面談をする

　実際に職場を巡回すると，従業員同士でコミュニケーションがとれているかや，挨拶ができているかなど，ちょっとしたことから職場の雰囲気や状況がよくわかります。また，夏場であれば冷房が効きすぎていないかなどの確認をきっかけに，社員に声がけすることもできるでしょう。「私がメンタルヘルスの担当者なので何かあったら相談を」という顔見せの意味もこめて，ぜひとも定期的に現場訪問してみてください。

第4ステップ：
研修を行い，従業員のメンタルヘルスリテラシーを上げる

　一部の従業員に対して，メンタルヘルスに関する深い内容の教育を行うよりも，従業員全員に最低限のメンタルヘルスの知識をつけてもらうことのほうが重要です。その点では，まずは手軽さや時間や費用があまりかからない方法を考える必要があります。外部講師を呼んでみっちり集合研修を行うよりも，たとえば，全体会議などの時間に，「こころの耳」の「15分でわかるセルフケア」などのeラーニングを使って説明したり，「5分でできる職場のストレスセルフチェック」を受けることを勧めたりすることから始めるのもよいでしょう。これらは無料ですので，いつでも気軽に利用してみてください。

第5ステップ：
社内で定期的に話し合う体制（ミニ衛生委員会）をつくる

　従業員50人以上の事業場では衛生委員会の設置が義務づけられています。衛生委員会は，現場の状況を把握したうえで，皆で話し合って対策を進めていく場という点で，とても意味があります。そこで，50人未満の中小企業でも，現場の状況がわかる人に入ってもらい，議長以外に企業側と労働者側の従業員が半分ずつ集まったうえで，ミニ衛生委員会を開催しましょう。ストレスチェックの集団分析結果とその後の職場環境改善活動の検討や，勤怠に問題のある従業員への対応方法など，議題はなんでもよいのです。定期的に話し合う体制をつくることが大事です。

▶さらに学びを深めるために

厚生労働省（2019）．「職場における心の健康づくり——労働者の心の健康の保持増進のための指針」（2019年3月改訂）
中村雅和・中辻めぐみ・福本正勝・高野知樹（2010）．プロに聞く部下を持つ人のためのメンタルヘルス対策．労働調査会．

VI　ストレスチェックの結果をどう活かしていくか

1.　はじめに

　職場における強いストレスが原因で精神疾患となり，労災認定される人が増加傾向にあることなどから，労働者のメンタルヘルス不調を未然に防止することが重要な課題となっています。こうした背景を踏まえ，2015年12月1日労働安全衛生法の一部が改正され，労働者の心理的な負担の程度を把握するため「ストレスチェック制度」が施行されました。

　ストレスチェック実施が義務づけられた事業場のうち，労働基準監督署に実施報告書の提出があった事業場の割合は約83％（厚生労働省労働衛生課調べ，2017年7月）に及んだように，ストレスチェック施行により，多くの企業がメンタルヘルスへの取り組みを促進させています。

　しかしながら，「義務化されたからとりあえず実施している」「実施したもののその後どうしたらいいのかわからない」という企業が多いことから，今後は結果をどのように活かすかが課題となってくるでしょう。ここでは，ストレスチェックの結果をどのように企業の安全衛生活動に活かしていくかについて，外部EAP機関の立場から考えてみたいと思います。

2.　ストレスチェックの予防的効果

（1）労働者のセルフケア

　メンタルヘルスを考える際，予防医学の観点が重要になります。予防は，一次，二次，三次という3段階で考えられており，ストレスを予防しメンタルヘルス不調を未然に防ぐ一次予防，メンタルヘルス不調を早期発見し適切な対応を行う二次予防，メンタルヘルス不調となった労働者の職場復帰を支援し，再発防止に努める三次予防に分けられます。

　ストレスチェックの主な目的はこの一次予防です。メンタルヘルス不調は，早い段階で支援を行い，本格的な不調に陥ることのないよう対策を講じることが重要だと考えられます。年に一度，労働者のストレスの状況に

ついてチェックを行うことは，自身のストレスへの気づきを促します。また，毎年継続的に実施することで，これまでの自分のストレス状況と比較をすることができるようになり，自身をモニタリングして予防的に対処することも可能となるでしょう。

さらに，ストレスが高い状態と判断された場合は，希望により医師面接を受けることができます。医師面接により，早期に医療的ケアにつながり，不調の悪化を防ぐことができるでしょう。また過去に症状があった人も早めに相談できることによって再発予防にもなるでしょう。このようにストレスチェックは，単に一次予防対策としての目的だけではなく，二次予防，三次予防をも担っているといえるでしょう。

(2) 職場の生産性向上と環境改善

ストレスチェック制度では，労働者のストレス状況の改善および働きやすい職場の実現を通じて，生産性の向上にもつながることに留意して，職場環境改善へ取り組むことが推奨されています。職業上のストレス要因の改善やメンタルヘルス不調予防を個人の問題のみとせず，経営の問題としてとらえ，ストレスチェックを企業経営の一環として活用することが重要となるのです。

たとえば，個人のストレスチェックの結果を職域や部門など集団ごとに分析することで，高ストレスの労働者が多い部署を理解できます。さらに課題を検討して職場環境の問題点を改善することにより，ストレスの軽減と生産性向上につなげることができると考えられます。前者を集団分析，後者を職場環境改善といい，現在両者は努力義務となっていますが，さまざまな業種・事業場規模で実施可能な方法論が整備されれば，今後義務化されることも考えられるでしょう。

以上のように，ストレスチェックはメンタル不調の段階的予防，職場の特性の理解，職場環境改善による生産性向上など多岐にわたる効果が期待されています。今後のメンタルヘルス対策の中核にはストレスチェックが存在するといってもいいでしょう。

3. ストレスチェックを形骸化させないために──────

　ストレスチェックを実施することで事業所は法律的な義務を果たしているといえますが，その結果が本当に活用されているのかなど，疑問の声も多く聞かれます。制度を真に活用するために，労働者として，組織として，どんな取り組みが考えられるでしょうか。

(1) 労働者に向けて──医師面接指導の活用

　先に述べたように労働者のセルフケアはストレスチェックの主な目的ですが，そのために医師面接の活用も重要となります。ストレスチェック制度では，個人のストレスチェックの結果は保護され，受検した本人のみに通知され，高ストレスと判定された労働者は，自らが申し出れば医師による面接指導を受けることができます。しかしながら，厚生労働省労働衛生課資料（2017 年 7 月）によれば，ストレスチェックを受けた労働者のうち医師面接を受けた労働者は約 0.6％にとどまっています。

　医師面接を利用しない理由はさまざまに推測されますが，面接指導を申し出ることで，自分が高ストレス該当者であることを事業場に知られることに抵抗を感じることも一因であるでしょう。その抵抗感を低くするために，事業場側では面接の調整や実施にあたり，事業場内の連絡や所属上長への説明で，本人の情報が周囲に広がらないよう慎重かつ丁寧な配慮を行うとともに，本人の同意なしに結果を事業場側が取得することはないことを，繰り返し説明することが大切です。

　外部資源である EAP 機関も事業場への支援の取り組みを行っています。たとえば，私の会社では，高ストレス者に対し，カウンセラーが話を聴き，医師面談への勧奨を促すと同時に，生活習慣の振り返りやストレスの対処法などを一緒に考えるサービスを提供しています。

(2) 組織に向けて──職場の課題理解と活用

　ストレスチェックでは，労働者のストレスの軽減と生産性向上のために職場環境の改善対策を行うこともその目的としていますが，そのための取

り組みはまだ発展途上です。

　私の会社では，その取り組みの一助となるよう集団分析を行っています。たとえば，独自の質問項目を加えた分析では，職場に相談できる人がいるかどうかがストレスの高低と関係しており，かつその有無は睡眠時間や残業時間にも関わっていることが推察され，管理職のコミュニケーションスキルの向上も職場環境改善のひとつとなると考えています（日本経済新聞 2018 年 10 月 21 日朝刊）。

　また，集団分析に加えてカウンセラーによるヒアリングを実施し，職場環境改善の実行支援を行っています。生活状況，繁忙期の割合，仕事量の増減，人員の充足度，裁量範囲，所属部署内の協力体制と相互の業務理解，人間関係などをヒントにその事業場や所属部署で起こっている課題を具体化し，なぜ高ストレス者の割合が高いのか，何を改善すればよいかなどを明確化します。

　この際，多くの労働者に利益がある改善だと思っていることが，一部の労働者にとっては不利益になる可能性を予測することも重要です。労働者の利益となり，不利益を最小化するためにどのような工夫が必要かを検討しながら，同時にその職場が現時点でうまく機能している面にも目を向け，改善が前向きな作業になることを共通目標としていくことも必要でしょう。「こんな職場なら頑張れる」という，事業場の望ましい状態をイメージして，それを目標とした対策を実施することがストレスチェックを活かすことになるでしょう。

4. おわりに

　ストレスチェックの取り組みを，労働者と組織の双方にとって有用なものにしていくため，今後も検討が求められます。特に，現在は義務化されていない 50 人未満の小規模事業場では人間関係が密接で固定しやすく，業務の偏りや相談資源が限られることが考えられます。小規模事業場こそストレスチェック制度を実施し，職場環境改善をすることを推奨していく活動も重要となってくるでしょう。ストレスチェックをよりよく活かしていくための取り組みは，今後もよりいっそう求められると考えられます。

▶さらに学びを深めるために

島津明人・種市康太郎（編）（2016）．産業保健スタッフのためのセルフケア支援マニュアル──ストレスチェックと連動した相談の進め方．誠信書房．

参考・引用文献

〈Ⅰ．セルフケアとラインケア〉

岩崎明夫（2015）．労働衛生対策の基本⑤　メンタルヘルス対策の基礎知識．産業保健 21, 81, 12-15.

厚生労働省（2015）．労働者の心の健康の保持増進のための指針．
https://www.mhlw.go.jp/hourei/doc/kouji/K151130K0020.pdf（最終確認日：2019 年 1 月 15 日）

〈Ⅵ．ストレスチェックの結果をどう活かしていくか〉

厚生労働省「ストレスチェック制度導入ガイド」
https://www.mhlw.go.jp/bunya/roudoukijun/anzeneisei12/pdf/160331-1.pdf#search=%27%E5%8E%9A%E7%94%9F%E5%8A%B4%E5%83%8D%E7%9C%81%E3%82%B9%E3%83%88%E3%83%AC%E3%82%B9%E3%83%81%E3%82%A7%E3%83%83%E3%82%AF%E5%88%B6%E5%BA%A6%E5%B0%8E%E5%85%A5%E3%82%AC%E3%82%A4%E3%83%89%27（最終確認日：2019 年 9 月 30 日）

厚生労働省労働基準局安全衛生部労働衛生課産業保健支援室（2015）．労働安全衛生法に基づくストレスチェック制度実施マニュアル（2016 年 4 月改定）．
https://www.mhlw.go.jp/bunya/roudoukijun/anzeneisei12/pdf/150507-1.pdf#search=%27%E5%8A%B4%E5%83%8D%E5%AE%89%E5%85%A8%E8%A1%9B%E7%94%9F%E6%B3%95%E3%81%AB%E5%9F%BA%E3%81%A5%E3%81%8F%E3%82%B9%E3%83%88%E3%83%AC%E3%82%B9%E3%83%81%E3%82%A7%E3%83%83%E3%82%AF%E5%88%B6%E5%BA%A6+%E5%AE%9F%E6%96%BD%E3%83%9E%E3%83%8B%E3%83%A5%E3%82%A2%E3%83%AB%27（最終確認日：2019 年 9 月 30 日）

厚生労働省労働基準局安全衛生部労働衛生課産業保健支援室（2017）．ストレスチェック制度の実施状況．
https://www.mhlw.go.jp/file/04-Houdouhappyou-11303000-Roudoukijunkyokuanzeneiseibu-Roudoueiseika/0000172336.pdf#search=%27%E3%82%B9%E3%83%88%E3%83%AC%E3%82%B9%E3%83%81%E3%82%A7%E3%83%83%E3%82%AF%E5%88%B6%E5%BA%A6%E3%81%AE%E5%AE%9F%E6%96%BD%E7%8A%B6%E6%B3%81%27（最終確認日：2019 年 9 月 30 日）

第6章

メンタルヘルス不調者への対応

I　産業医，カウンセラー，産業保健スタッフの連携による対応

　メンタル不調者への対応は，産業保健スタッフの連携により効果を発揮します。

　不調の原因は，本人の性格や考え方の傾向に影響されますが，職場環境が誘因の場合があります。明らかにそうではなくても，速やかな環境改善が伴うことにより，悪化を防ぎ回復を早めることが可能です。産業保健スタッフと連携をとることによって，該当職員への利益だけでなく職場環境改善につながります。

1. 連携による対応の流れ

　上司の申し出により対応を求められたケースをもとに説明します。

　気持ちの落ち込みなどを伴う不調や，通常と違う状態がみられる職員に対し，職場の上司からの申し出により，面談に来た例です。メンタル不調は，本人の自覚がないまま進行することも多くみられるので，身近な上司が変化に気づき対応するラインケアが大切で，こうした職場内の連携も大切です。

（1）保健師（看護師）もしくは，相談室担当者が，インテークを行う

　基本，インテークは，上司と本人それぞれに行いますが，別々でなく一緒の場合もあります。相談室担当者の場合は，労務担当が主流ですが，企業の規模によっては総務が人事や労務を兼任していることも多く，また，直接管理者の場合もあります。常勤や担当者がいない場合は，そのままカウンセラーがインテークを行うこともあります。

　インテークの内容は，大まかに，年齢や職務，勤怠状況，家族構成や既往歴など，現状の把握です。上司からは，勤怠状況および，業務パフォーマンスの低下について具体的に聞き取りします。

（2）カウンセラーとのカウンセリングを行う

　次に，傾聴をもとに，しっかりと気持ちを受け止め，詳しい状況をうかがい，問題の把握を行います。その後，本人の意向もふまえ今後の対応を検討します。上司の面談も，必要に応じて行います。それは，上司自身の仕事への取り組み方や部下への接し方の問題が含まれる場合もありますし，何よりも事例性を明確にするためです。

把握すべきポイント

●業務上の支障がどの程度あるか（納期の遅れ，ミス，トラブルなど）
●勤怠状況はどうか（欠勤や遅刻早退など）
●周りの職員への影響（フォローのための負担など）

　職場で問題にするのは，通常の業務に支障をきたしているかどうかということです。この点を明らかにすることが大切です。また，本人の自覚がない場合は，疾病性（病気でないかどうか）で話を進めると，プライバシーの侵害などのトラブルを招きやすくなりますので注意が必要です。

（3）リファーと連携

　状況は，産業保健スタッフと共有し，受診の必要性があると判断した場合は，産業医と連携します。通常，産業医面談を行ったあとに，しかるべき診療科等に紹介します。病院を紹介することころまで行う企業とそうでない企業がありますが，できれば，紹介までを行えるとよいと思います。
　特に，精神的な症状の場合は，血液検査やレントゲン写真のようなはっきりとそれとわかるような結果が見られませんので，そのあとの状況は本人の告知のみに頼ることになります。心の不調は，本人でさえも把握しづらい面があり，状況や経過を追うことがなかなかできません。

　そこで，一番のポイントは，「産業医に紹介状を書いてもらう」というところにあります。紹介状を書くことによって，受診した医療機関から何かしらのフィードバックがあり，その後の病状の把握に大いに役に立つのです。その後の連携も可能になります。

　産業医が精神科や心療内科の場合は，そのまま任せられますが，その他の診療科の場合は，カウンセラーが産業医に所感を伝えて判断を仰ぎ，外部の医療機関と連携するかたちとなることもあります。また，身体不調がある場合には，必要に応じた診療科にかかり，検査等を促します。

　従業員が 50 名未満で，産業医がいない場合は，保健師や労務担当，カウンセラーが受診を勧めることもあります。直接，医療機関との連携はとれませんが，職員との信頼関係を構築しておくことで，その後のやり取りもスムーズに運びます。

　いずれにしても，個人判断は避け，関係各所との連携を密にすることが，最終的には，迅速な職員対応につながります。

(4) 一貫したフォロー

　診察の結果によっては，休職，時短の対応，もしくは業務負担の軽減，部署異動などの対応が求められますが，いずれにしても関係部署との連携がカギになります。多くの場合は，職場の産業保健スタッフか人事担当者が，現場の管理者に取り次ぎます。その際に，原因から見立てた方策を伝えるためにも，産業保健スタッフと日々の関係性を大切に，「申し送り」「ミーティング」「職場仲間としての関わり」を積極的にもつことが必要になります。日常から連携をとっておくことで，より柔軟な対応が可能になるのです。

　また，該当職員が休職に至った場合には，「復職支援」でもその効果を発揮します。スタッフそれぞれの立場や視点での意見交換が可能になり，復職の時期や対応などの計画が立てやすくなります。

　主治医の判断，本人の意向，そして，産業保健スタッフの見解が一致したうえでの復職支援は，失敗が少ないといえます。

（5）休職，時短などの対応後の経過観察

　休職・時短等に至るものだけに関わらず，対応後は，カウンセリングの継続や形態，方法，頻度などを検討します。その際，本人が職場に出ている場合は臨機応変に対応ができますが，休職中の場合は，より丁寧な連携が望まれます。なぜなら，休職中は基本的に，人事課などに経過報告が必要になるからです。実は，この経過報告の在り方によって体調が悪くなるケースが意外に多くあります。

　たとえば，週1回水曜日に状況を人事課に電話報告するという取り決めの場合，報告日前日の火曜日から体調悪化が見られ，報告日翌日の木曜日に何とか元に戻るといったことを繰り返し，休んでいるのに休めない精神状態に陥り，回復が遅れることもあります。

　休職に至った原因や体調の程度にもよりますが，どの程度の頻度で，どのようなかたちが望ましいかをカウンセラーがアレンジして，関係者と共有することが可能になります。また，カウンセリングに至っても，さまざまなバリエーションの提案が必要になります。基本は，職場内にある相談室等で行うことが多いですが，職場が遠い，心身の不調の程度が重い場合は，電話等で対応することもあります。

　また，職員の自宅近くまで出向き，静かなカフェなどを利用し，話をうかがうケースもあります。公共の場所でのカウンセリングは，プライバシー保護や機密保持のためには，積極的には取り入れないほうが望ましいですが，場合によっては一時的に有効な手段です。今後は，メールやSNSでの対応も増えてくるとは思いますが，文字情報は，かなり情報量が少なく，表情や声の音調もわかりませんので，様子を把握するには難しいと考えられます。

（6）業務の負担の軽減（担当数や業務量を減らす）や部署異動

　受診はせず，しばらく様子を見ることになった場合にも，継続的なカウンセリングが必要になります。職員本人の様子だけでなく，職場での状況や周りの環境の変化を見るためにも，継続的な連携があると包括的な対応

ができます。業務負担の軽減など，具体的な方策に対応するためには，そのほかの産業保健スタッフを含めた現場の管理者との連携が必要です。

2. トラブルメーカー的な人に対する対応━━━━━━━━━

休職の診断書を持ってきておきながら，元気に海外旅行に行ってしまったり，活動的な様子を頻繁に SNS にアップするなど不可解な行動が明らかな人や，何度も休職を繰り返したり，会社そのものに不満をもっていることにより，自分勝手に権利を主張するケースも増えています。異動を希望するための手段として，心身の不調を訴えてくることもあります。そのような場合には，本人の持参した診断書のみで対応を迫られることのないよう，関連医療機関とのダブルチェックや就業規則の改定を行うことも視野に入れていく必要があります。企業を守ることと，そのほかの職員を守るためには，こうした連携も重要で，社会保険労務士やその他のスタッフとの連携も欠かせません。

▶さらに学びを深めるために

大野萌子 (2014).「かまってちゃん社員」の上手なかまい方. ディスカヴァー・トゥエンティワン.

Ⅱ うつの再発による長期休職者にどう対応するか

うつという言葉は，一般的によく，「うつっぽい」「プチうつ」といった表現で使われていますが，「うつ症状」と「うつ病」は異なるものです。

うつ病と言っても最近は「従来型（定型うつ病）」と「新型（非定型うつ病）」とに分けられます。分けられた根拠として，投薬・関わりの違いがわかってきたことがあります。まずは従来型うつ病の再発による長期休職者の対応について述べてみます。その次に新型うつ病（非定型うつ病）の対応について，私が関わった事例を通して考えていきます。

1. 休職者のパターン①：従来型（定型うつ病）

> 従来型の典型：休職していると会社に迷惑がかかり申し訳ないと言う方

　従来型のうつ病の再発による長期休職者の方はほとんどと言っていいほど，次のように語られます。「休むと会社に迷惑がかかる」「1カ月も休むのは考えられない」と，休むことさえ躊躇されます。仕事熱心で，責任感が強く，頑張り屋の方が多く見受けられます。そして受診に関しても慎重で，家族の方が心配され，相談室に本人が来室されても，しんどいと言いながら素直には精神科受診に応じられません。

　その時は「私が心配だから，私のために一度行ってみてはいかがですか？」あるいは「精神科医はどんな方か，患者に合う，合わないがありますので，参考のために行かれてはいかがですか？」それでもだめなら，「いつもかかられている内科に行かれてはいかがですか？」。この状況では精神科医と連携をとることと，まずは睡眠を最優先にする必要があるからです。

　やっと受診されて，入院あるいは休養という診断書が出ます。最近は1カ月ごとに様子をみて，そのつど更新されていきます。ただ，医師によっては3カ月ごとに診断することもあります。

　次回予約をしてもらうか，保健師・衛生担当者に報告していただくことも約束します。カウンセラーの勤務が常勤であればいいのですが，ほとんどは非常勤ですので，常勤の保健師・衛生担当者に伝えることの承諾を得て，受診したことも報告してもらうように約束します。また，受診後カウンセリングの予約もしてもらうという対応になります。

2. 休職者のパターン②：新型（非定型うつ病）

> 新型の典型：
> 　職場に行くのはしんどいが，旅行・趣味になると元気が出る方

(1) 事例概要

この事例は，6年にわたりカウンセリングを行った男性で，現在は復職し，継続して働いています。どのような軌跡で継続して働けるようになったのかを検討します。

＊　＊　＊

Aさん，30歳代後半，大手製造業メーカー勤務。主訴は「出勤するのがしんどくなってきた」

面接初回の5年前からしんどかったということで来室されました。最近総務関係から営業関係へ異動になったが，接客は自分に合わないことがしんどさの原因であり，特に依頼先から大きな声で怒鳴られたり，丁寧な説明を要求されたりすると混乱するとのことです。

(2) 成 育 歴

父親は怖い人で，居るだけで怖かった。何か言う時は「やめとけ」とか「この線を越えてはいけない」など一言だけだった。母親からは「お父さんの言うことに間違いはない」と言われていた。4歳上の兄からは，細かいことをいちいち言われた。バイクの免許をとるにも「やめとけ」と言われ，結局とらなかった。反抗はしなかった。3人の言うとおりにしてきた。

(3) 初回面接までの治療・カウンセリング経過

自ら総合病院の精神科を受診し，不安神経症という診断名になり，抗不安剤・眠剤・SNRI服用。またその病院でのカウンセリングも年1～2回受診，主治医の紹介で某カウンセリングルームを紹介されるが，カウンセラーと合わず2回でやめる。その後，当相談室に来室。

(4) 面接経過

a）初回～10回目

特に月曜日は嫌だが，デート，スイミングも行っている。本当は休職し

たいが，その時主治医からは，「休職すると回復に2～3年はかかる」と言われ，判断できず，なんとか出勤していた。親からは休職してもいい，会社も辞めてもいいと言われた。森田療法は自ら一度だけ行き，その後ど～っと重くなり行く気がせずやめた。そこでは理想が高すぎると言われた。「3カ月ほど休みたい。だがそうするともう会社に出てこられなくなりそう。将来の楽しみもない。判断がつかない。休んで南国に行きたい。胸がドキドキし，発汗もある。しんどい人の対応の時説明ができない。特に大きな声を出す人の対応を考えると会社に行く気がしない」などの訴えがあった。異動と降格願を出す。

b）11～19回目

前部署の総務部に異動になる。降格し係長になった。漢方の薬を飲んでいるが穏やかであまり効き目はない。医師に休職したいと言ったら，「休むか」と言われた。休職してどうしたらいいのかわからない。上司に休職することを言ったら，「居るだけでいい，座っているだけで助かっているので来てほしい。いよいよしんどくなったら休んだらいい」。そこまで言われると休めない。3カ月休んで，その後会社に出て来られるか不安でもある。親に言ったら，休職したらいいし，辞めてもいいと言われた。その後違う心療内科に行く。現在行っている主治医から「○○病院に入院したらいい，すぐ手続きがとれる」と言われ，2週間入院することになる（初回から2年が経過している）。

c）20～29回目

その後，職場復帰するが，また3カ月休職になる。職場が怖い，緊張した中にいるのがしんどくて戻りたくない。休んでいる間，旅行，登山等プライベートは活動的。

復職にあたり，上司から「どこの部署がいいか」と電話が入るが答えられない。焦るものの考えられない。カウンセラーから職場復職支援（リワーク）の提案をする。主治医に相談すると「それはいい」と快諾。上司との承諾も得る。

リワークに行きながらカウンセリングも継続。カウンセリングではリワークのしんどさと不安を受け止める。その後3カ月のリワークを終了できた。

d）30〜31 回目

　復職。Aさんが復職できた理由として語ったことは，「カウンセリングの支えによって，自分は自分でいいということがわかってきた。それと薬をSSRIに替えたこともあるかもしれない。1週間はしんどかったけど，それが過ぎると朝がとても楽になり，すっきり起きられて出勤できるようになった。少しずつ10年前の自分に戻って，自分を感じるようになった。また異動先の部署はみな優しく，上司も話を聞いてくれるので，出勤できている」。

　父親から離れて一人暮らしを始める。考え方が変わり，仕事のことも距離を置けるようになる。依頼者は依頼者，相手は相手と思えるようになり，自分ひとりで抱える必要はない，いざとなったらやめたらいいと判断ができるようになる。

3. 長期休職者の対応について

（1）職場とカウンセリングの関わり

　この事例だけでなく，私が関わった事例のほとんどのクライエントはとても優しく，協調性もあるのですが，主体性に乏しく，自我が弱いところがあります。自ら決められない，人に振り回される。威圧的と感じる人には怖がり，委縮してしまい，出勤できなくなる傾向があります。職場で守ってくれて，理解してくれる母性的な人，包容力のある上司との出会いがないと，復職は難しいところがあります。つまり，ゆっくりと職場で育てなおすことが必要になってきます。したがって，周囲の協力と理解がいるので，エネルギーがいる関わりにもなってきます。

　よく「復職したのだからもう治っている」という意識があります。しかし服薬している以上，完解の状況で治ってはいません。繰り返す可能性が3分の2あると言われています。つまり遷延化が強いので，服薬を継続することを医師からは勧められています。完治していないという意識が職場では必要になりますが，あまりに気を遣いすぎて，簡単な仕事しか与えないというのも当事者には苦しいところがあるので，相談しながら業務を決めていく必要が生じます。

　カウンセリングにおいては，じっくり，焦らず，受容しながら主体性を育てていきます。私はスーパーバイザーから，その時「犬の散歩に付き合うように接しなさい」とアドバイスを受けています。「なんとかしよう」ではなく，じっくりクライエントの歩みに付き合い，寄り道しながら（たとえば，趣味のこと，仕事以外のことをじっくり聴く。特に楽しめていることに付き合います），そして共感していきます。親に聴いてもらえなかったであろうことを聴いていく。報告したかったであろうことをしっかり聴く姿勢です。何とかしよう，解決しようという焦りは禁物です。何回も何回も聴いていきます。そして基本的安定感，人間信頼を積み重ねていきます。

　このようなカウンセリングを実現するには，まずはカウンセラー自体の安定感を保つためにスーパービジョンを受けることが必要でしょう。自分とクライエントとの関わりを客観的に観ることは，誰にとっても難しいからです。

　最近では組織によっては，休職を繰り返す人に対して，リワーク（復職支援）に行くことを条件にしているところもあります。リワークに参加し学ぶことにより，自らを知り，人との関わりについて学びなおし，認知の歪みの修正も行います。

（2）見立てについて

　長期休職には当然ながら主治医の診断書が必要になり，本人と組織に診断名がわかることにもなります。しかし，最近の診断書を見る限り，診断名というより症状，状態が書かれていることが多いように思います。当然，主治医は目の前の患者から判断します。病名を書くにはエビデンスが揃わない場合もあるのでしょうか。あるいは，精神的な病気に対する偏見が組織にはまだまだあるので，患者の側に立つ必要があるのではないかと私は考えます。

　また，適応障害という診断名もよく見ます。しかし，カウンセラーとして，クライエントをどう見立てるかがとても重要になってきます。見立てる（エビデンスから今後の面接方針の仮説を立てる）ことにより，カウン

セラーとして，今後のカウンセリングの方向性が決まってきます。確かに最近は適応障害といえば，職場環境を変え，異動もし，それで問題解決できることもあります。しかし，そのような対応がなされても，人間関係や就労の問題がすっきりとは解決せず，また休まれる方も出てきます。事例のように，育てなおしが必要なケースがあります。

　カウンセラーは，地位や年齢ではなく，クライエントのこころの成長をみていきます。主体性はどうだろうか。自己を振り返る力はあるのだろうか。他者のせいにばかりしていないだろうか。環境のせいにばかりしてはいないだろうか。クライエントのリソース（資源・ストレスの緩衝要因など）はどうだろうか，等を見立てる必要があります。

　組織にとってもクライエントにとっても，このリソースが長期休職者の回復支援にとても重要になってきます。

▶さらに学びを深めるために

> 唐渡雅行（2010）．うつ病診療最前線——再発させない治療法．時事通信社．
> 吉野　聡・宇佐見和哉（2017）．現役精神科産業医が教える「うつ」からの職場復帰のポイント［第 2 版］．秀和システム．

Ⅲ　EAP

　たとえば，仕事が合わなかったり，職場の人間関係に問題があったり，病気に罹患してしまったりすると，勤労者は仕事に身が入らなくなり，仕事ぶりが悪くなってしまうものです。EAP（Employee Assistance Program：従業員援助プログラム）は，このような問題を早い段階で専門相談につなげて従業員や家族の手助けを行い，結果として従業員の仕事ぶりをより良くしていき，かつ組織にも貢献していこうというプログラムです。

1．EAP の歴史

　EAP はアメリカにおいて発展し，1985 年に日本生産性本部メンタル・

ヘルス研究所によって日本に紹介されました。1990 年代より民間の EAP サービスが出始め，私が勤める会社は日本の外部 EAP 専門機関として最も古くから事業を行っています。1998 年に日本 EAP 協会が設立され，同年に出版された労働省「労働の場におけるストレス及びその健康影響に関する研究報告書」には，日本の EAP 先進事例が紹介されています（松本・豊田・韮沢，1998）。2000 年に労働省から「事業場における労働者の心の健康づくりのための指針（メンタルヘルス指針）」が示され，その翌年頃から EAP 機関の設立が相次ぎ，日本の企業においても導入が進んでいきました。

　EAP は大きく分けて，企業内で専門スタッフが取り組む「内部 EAP」と，企業外の EAP 機関と業務委託契約を行う「外部 EAP」に分類されますが，現在では EAP というと概ね外部 EAP 機関のことを指すようになっています。外部 EAP の利点は，内部で専門スタッフを導入するよりも安価であること，プライバシー保護の安心感が高いこと，利用者が自分の問題に応じて専門スタッフを複数の中から選べることなどが挙げられます。外部 EAP は企業ニーズに沿ってサービスアレンジが可能な場合も多く，EAP は主に企業のメンタルヘルス対策を補完する機能で普及しました。

2. EAP のサービス内容

　国際 EAP 協会が示している EAP の定義およびサービスラインナップのガイドラインは，**表 6-1，6-2** のとおりです。日本における外部 EAP 機関のサービスは，表 6-2 のラインナップをふまえつつ，たとえば職場復帰

表 6-1　EAP の定義

Employee Assistance Program または EAP は，以下の 2 点を援助するためにつくられた，職場を基盤としたプログラムである。 1. 職場組織が生産性に関連する問題を提議する。 2. 社員であるクライエントが健康，結婚，家族，家計，アルコール，ドラッグ，法律，情緒，ストレス等の仕事上のパフォーマンスに影響を与えうる個人的問題を見つけ，解決する。

Employee Assistance Professionals Association（1997a）から引用

表6-2　EAP による直接のサービス

A．問題の確認・アセスメントとリファー

EAP はクライエントの抱える問題を確認しアセスメントを行い，適切な行動プランを作成し，必要な場合には，問題解決に適した手段を推薦したり，適切な援助を行う機関へ紹介するものとする。

B．危険への介入

EAP は従業員，その家族，および組織の直面する危険に対し，機敏な介入措置をとるものとする。

C．短期的問題解決法

EAP は，問題解決のための短期的措置をいつ行うか，また，専門家や地方自治体が提供する手段への紹介をいつ行うか決めるための，手続きを定めるものとする。

D．モニターリングおよびフォローアップ・サービス

EAP は適正なフォローアップ・サービスと，クライエントの進展についてのモニターが行われるように保証する方法を定めるものとする。

E．組織のリーダーのトレーニング

EAP は，プログラムの目的や手続きならびに，プログラムに関する組織のリーダーの役割を理解し，意思疎通を図るために，組織のリーダーをトレーニングするサービスを提供するものとする。

F．組織のリーダーへのコンサルテーション

EAP は組織のリーダーに対し，業務成績や行動および医療上の問題を抱える従業員を，EAP へマネージメント・リファーすることに関してコンサルテーションを提供する。

G．組織に関するコンサルティング

EAP は，従業員の心身の健康に強い影響を与える可能性のある問題，施策，日常業務および慣例についての相談に応じるものとする。

H．プログラムの推進と教育

EAP は，従業員，その家族と認められる者，および組織のリーダーが，プログラムを躊躇なく利用できるような雰囲気を醸成するために，プログラムを発展向上させ，広報資料の作成や広報行事を行うものとする。

Employee Assistance Professionals Association（1997b）から引用

支援など，メンタルヘルス指針において求められる内容も企業に提供されることが多くなっています。EAP のメインサービスは相談サービスですが，契約企業の従業員およびその家族は一定回数が無料（サービス費用は企業負担）で，しかも相談者のプライバシーには十分に配慮されたかたちで提供されるのが標準です。「パフォーマンス向上」という目的のもと，複数の相談方法（電話・メール・面談など）を使って心理職などの専門スタッフに相談できるようになっています。

　また，2015 年 12 月からスタートした労働安全衛生法に基づくストレスチェック制度の施行により，日本の外部 EAP 機関はストレスチェックも EAP のサービスとして装備するようになっています。このように日本の EAP は，日本型人事制度と日本の労働安全衛生法に沿って展開を見せています。おそらく今後は，少子高齢化やダイバーシティ，働き方改革などの動向を見据えて，社員に対するセルフケア施策の充実，コミュニケーションスキルやレジリエンスの向上，キャリア開発支援など，社員個人の成長につながるような啓発プログラムが充実していくものと予測しています。

3. EAP の役割

　先述したとおり，EAP は通常「パフォーマンス向上」という目的のもと，契約企業の従業員は複数の相談方法によって，一定回数は無料でカウンセラーに相談できるようになっています。目的が「メンタルヘルス問題の改善」ではなくパフォーマンス向上にあること。自分がアクセスしやすい方法で相談できて，お金がかからないこと。この二つは EAP の大事な特徴なのですが，実はこれらは上司や人事労務管理スタッフ，同僚などが，気になる従業員を EAP にリファーしやすいようにデザインされた結果ともいえます。やはり有料だと，利用を躊躇する可能性が高まってしまいます。

　専門家への「リファー」に加え，円滑にリファーが進むための「コンサルテーション」も，EAP の重要な関わりとなっています。たとえば東日本大震災の際，EAP の利用方法に関する問い合わせが多く寄せられました。

当時，現地の職場の従業員同士では「何かの際は，EAP も利用してみな よ」という言葉がけっこう交わされていたようです。心配な同僚と話をす る際，後ろ盾として EAP の情報をもっていると，安心して相手の話を聞 いてあげられたのだと思います。

　EAP は，従業員と専門家のつながりを強めるためのものではなく，本 来は職場内の仲間同士のつながりを強めるためのものだと考えています。 問題が繰り返されることによる従業員の孤立を防ぐため，速やかに専門家 につなぐこと。EAP が後ろ盾となることで，従業員間の支え合いを高め ること。従業員の職場適応を支援したり，良好な人間関係を築くコミュニ ケーションをつくり出していくこと。これらはすべて，仲間同士のつなが りをもたらすものです。EAP が果たすべき役割は，職場における「ソー シャルキャピタル」の充実にあると考えています。

▶さらに学びを深めるために

ジャパン EAP システムズ（編）（2005）．EAP で会社が変わる！──人事部・ 管理職のためのメンタルヘルス対策．税務研究会出版局．

Ⅳ 「新型うつ」の回復プロセス

1. 従来の「うつ」とは異なる「うつ」

　「新型うつ」の人にインタビュー調査をしていると，一般にイメージさ れている姿とは，まったく異なる姿や回復プロセスが見えてきて，新鮮な 驚きをおぼえました。「新型うつ」は他罰的で自己中心的な特徴があると 言われます。人を常に責めてばかりいるので，関わりづらくて，心理専門 職であっても受容や共感が難しいという声が上がるほどです。さらに， 「新型うつ」にはいまだはっきりとした定義がなされていないため状態像 をイメージしにくく，対処方法がわからないといった問題点もあります。

　そこで，この節では「新型うつ」の状態像と回復プロセスの一例をご紹

介したいと思います。

2. 「新型うつ」とは

「新型うつ」には「若い人に多い」「好きなことには取り組める」「他罰的」といった特徴があります。そのため，ただの「わがまま」と誤解されがちです。しかし，「新型うつ」の人の話によく耳を傾けていると，それはただのわがままではなく，その人の生き方を形成し直すために必要な“転換期”であることがわかります。

3. 「新型うつ」とその回復プロセス

「新型うつ」には以下の四つの段階があります。

（1）自分の感覚を失い，休職や退職に至ってしまう段階

まず，それまで自分を支えてきた基準が機能しなくなり，今までの自分のままではいられなくなります。そして，それまで演じていたキャラが否定されて，自分でも自分のことがわからなくなり，どのようにふるまったり，どのように仕事を進めたらいいのかわからない状態になっていくのです。この時でも，表面上は普通に仕事をこなしていますが，本人の内側では，次第に「ちゃんとしているふり」ができなくなっていき，自分の内面と表面が分裂し，それが身体的な違和感や不調にまでつながっていくのです。

（2）疑心暗鬼になり，心理的なエネルギーが枯渇していく段階

休職や退職の前後は家族や上司など，自分を支えてくれている人のことも信用できなくなり，他者との関わりに怯え，苛立ち，自分の殻に閉じこもりがちになります。そのため周囲の人に拒否的な態度をとりがちです。周囲の人も反感を抱きやすくなります。しかし，この拒否的態度には思春期の反抗期のように，「自他の距離をとることで心の安定を図る」という意味もあることを周囲の人が理解できるといいでしょう。

次第に，「自分がわからない」と虚無感を抱えながらも「そこに居る理

由をつくろうとバンドを始めた」「ボランティアをしに海外に行った」というように、今の自分にできる活動をすることで自分自身の存在意義を見出そうと試み始めます。これは、本人にとっては「躁的防衛」です。しかし周囲の人からは「エネルギーがある」「元気なのに」怠けていると思われてしまいます。「元気なのにどうして休んでいるんだ」と思われるため、必要な援助が得られずに状態が悪化しやすいので、注意が必要です。

(3) 底をつき浮上に向かう段階

しばらくの間安全に自分の殻に閉じこもることができていると、新型うつの人の他罰は次第に反骨精神に転換されていきます。「親も会社もクソだし、私自身もクソだった。今に見てろ」と思えるようになっていくのです。他人からの評価に頼らずに「こんな人たちに、何を言われてもどうでもいい」と考えるようになっていきます。すると、現状を見つめることが可能になり、再び自分自身の感覚を取り戻していきます。

また、一度自分が拒絶をしたにもかかわらず、なおもつながり続けてくれている人（家族、友人、同僚、上司等）との関係性を見直し始めます。拒絶をしても変わらないでいてくれる関係があることに気づくのです。それが自分のアイデンティティを見出す土台となる場合もあるようです。

(4) 働くことを諦めずにいられる段階

復職後、徐々に「不完全な自分のままでも働いてもいい」と思えるようになっていきます。不完全な自分のままで、働くことを諦めずにいられるようになっていくのです。自身の症状や不全感に対しても、少しずつ自分なりの対処方法を確立していきます。すぐには状態が安定せずに症状のぶり返しを抱えながら働く場合も多くありますが、周囲に信じられ受け入れられることでそれが可能になっていきます。

4.「新型うつ」と関わるうえで大切なこと

「新型うつ」の人には、「他罰的ですぐ他人を責める」とか「好きなものには熱中して取り組める」といった特徴があります。これらの点は、周囲

の人々からはなかなか理解されづらく，反感を抱かれやすいものです。し
かし前述のように，新型うつの人の「他罰性」は次第に「自他の分離」や
「評価過敏性の放棄」につながり，前進的なエネルギーに転換されうるも
のでもあります。また，「好きなことには熱中している」ように見えるの
は，本人にしてみれば躁的防衛であり，その活動量と心理的健康度が比例
しない場合が多くあります。一見元気なように見えて，実は周囲からの援
助が必要な時期であることを心得ておきましょう。

　このような理解をしておくことで，支援者や周囲の人々はより心穏やか
に，賢明に「新型うつ」と関わることができると思われます。

▶さらに学びを深めるために

傳田健三（2009）．若者の「うつ」――「新型うつ病」とは何か．筑摩書房．
貝谷久宣（監修）（2008）．非定型うつ病のことがよくわかる本――「気まぐ
　　れ」「わがまま」と誤解を受ける新型うつ病のすべて．講談社．
緒方俊雄（2013）．すぐ会社を休む部下に困っている人が読む本――それが
　　新型うつ病です．幻冬舎．
吉野　聡（2013）．「現代型うつ」はサボりなのか．平凡社．

V　うつと居住空間

1．うつ病罹患者にとって居住空間とは

　うつ病の罹患者数は増加の一途をたどり，現代人にとっては，悲しくも
なじみ深い精神疾患となっています。

　うつ病罹患者のうち約7割は，入院することなく，一般診療所の外来に
通院し，自宅で療養生活を送っています（厚生労働省，2017）。しかし，う
つ病を発症すると，否定的な認知やネガティブな感情などの精神的な症状
や，身体がだるい，眠れないなどの身体的な症状が現れることから，うつ
病を発症する前と同じように日常生活を送ることは難しくなってしまいま
す。そのため，うつ病罹患者に対する支援は，症状に焦点をあてて支援す

るだけでなく，生活の中心となる居住空間における療養生活の質にも着目する必要があります。

オットー・ボルノー（Bollnow, O. F., 1903-1991）は，人間が住む空間は，「人間がたえずゆだんなく注意をはらうのをやめることができる安息と平安の領域」であり，「緊張をといてくつろぐことのできる空間」であると述べています（1978）。そして，空間がもつこの安らぎのことを「庇護性（Geborgenheit）」と表しています。人間は，この庇護性を感じることで，居住空間の中で安心して休むことができるのです。

うつ病罹患者は，休養をすることで心身のエネルギーを回復することが必要です。しかし，エネルギーを蓄えるために，居住空間の中で何もせずに過ごすことができるのかというと，そういうわけにはいきません。食事をつくったり，洗濯をしたり，掃除をしたりと，居住空間の中でやらなければならないことは山ほどあります。休養が必要であるからと言って，日常生活で必要な行動を放棄してしまっては，うつ病も悪化するばかりです。エネルギーを回復するためにも，必要最低限の行動をしなければならないのです。

しかし，うつ病罹患者は「ベッドから起き上がるので精一杯……」であったり，「座ったまま動けない……」状態であったりと，ベッドや椅子の上で過ごすことしかできないほどエネルギーが不足してしまうことがあります。そのため，食事をつくることや洗濯をしたりすることは，非常にハードルの高い行動であるように感じられます。そして，「私は，こんなこともできなくなっちゃったんだ……」とますますネガティブな感情を生み，うつ病は悪化してしまいます。

このように日常生活が破綻していく居住空間で過ごすことは，"生きるうえで最低限の行動すらできない自分"と対峙することになります。うつ病罹患者は，居住空間の中で休まるどころか，安心して過ごすことができなくなってしまうのです。つまり，日常生活が破綻していくにつれて，居住空間は安心感が失われ，脅威の空間へと変化していきます。

2. 居住空間で安心して過ごすために

　うつ病罹患者が居住空間で療養生活を送る時には，居住空間が安心できる空間であると感じられることが重要です。

　居住空間が安心できる空間であると感じるためには，まず日常生活を安定させられるように支援していく必要があります。日常生活の中で何ができるのか，どれなら取り組むことができそうかを検討して，「できること」を少しずつ増やしていきましょう。「できること」が少しずつ増えていって，「あー，なんかちゃんと生きてるな」という感覚を得ることができると，安心して過ごすことができます。居住空間の中で安らぎを感じながら日常生活を送れるようになることで，休養の時間がようやく本当の意味での"休養"となります。そこから，質の高い療養生活をスタートさせることができるのです。

参考・引用文献

〈Ⅲ．EAP〉
日本 EAP 協会（1997）．EAPA 基準および EAP 専門家のためのガイドライン〈要約版〉．
　http://eapaj.umin.ac.jp/guideline.html（最終確認日：2019 年 1 月 15 日）
日本 EAP 協会（1998）．国際 EAP 学会（EAPA）による EAP の定義——Employee Assistance Program（EAP）と EAP Core Technology.
　http://eapaj.umin.ac.jp/coretech.html（最終確認日：2019 年 1 月 15 日）
松本桂樹・豊田秀雄・韮沢博一（1998）．事業所外部におけるメンタルヘルスケア．労働省平成 9 年度作業関連疾患の予防に関する研究——労働の場におけるストレス及びその健康影響に関する研究報告書．342-344.

〈Ⅳ．「新型うつ」の回復プロセス〉
青木美帆（2017）．新型うつの若手社員が休職・退職から復職に至るプロセスとその体験の質的研究——当事者の主体感覚に焦点を当てて．明治大学大学院文学研究科提出修士論文．

〈Ⅴ．うつと居住空間〉
Bollnow, O. F.（1963）．*Mensch und Raum*. Stuttgart: W. Kohlhammer. 大塚恵一・池川健司・中村浩平（訳）（1978）．人間と空間．せりか書房．
厚生労働省（2017）．患者調査．
　https://www.mhlw.go.jp/toukei/saikin/hw/kanja/17/index.html（最終確認日：2019 年 11 月 18 日）

黒木俊秀（2014）．うつの心理療法のゆくえ．こころの科学，**177**，14-19.

大江　舞（2018）．うつ病罹患者が体験する日常生活の破綻と再構築のプロセスの検討
　——居住空間に着目して．明治大学大学院文学研究科提出修士論文.

泊　真児・吉田富二雄（1999）．プライベート空間の機能と感情及び場所利用との関係.
　社会心理学研究，**15**(2)，77-89.

第7章 一人ひとりのキャリアを支えていく

I 職業ガイダンス, キャリア教育, キャリアカウンセリング

1. キャリア開発支援の発展

2016 年, 2017 年にスイス・ダボスで開催された世界経済フォーラムの年次総会（通称「ダボス会議」）では, 第 4 次産業革命（The Fourth Industrial Revolution）がテーマとして取り上げられました。

現在, すでに人工知能（AI）, インターネット・オブ・シングス（IoT）, ロボット技術, 自動運転車, ナノテクノロジー, バイオテクノロジーエネルギー貯蔵, 量子コンピューターなど, 多領域にわたるイノベーションが進行しており, 私たちは新しいビジネスモデルの出現, 従来モデルの破壊や生産・消費・輸送・配送システムの再編に示されるようなあらゆる産業にわたる根本的転換に直面しています（Schwab, 2016）。第 4 次産業革命について, 世界の国々や企業はすでにその変化への対応を模索・試行しており, 日本政府も第 4 次産業革命への対応の方向性を示し, 働き方改革などの取り組みが行われています。

産業革命以降, 産業構造や科学技術の発展, 生活スタイルが大きく変化する中で, 社会を生きる人たちのキャリア形成のニーズや支援のあり方は大きく変遷してきました。キャリア開発支援活動の実践と研究の起源は, 1905 年にフランク・パーソンズ（Parsons, F., 1854-1908）がボストンで設立した職業紹介事業であり, その後のキャリア開発支援の実践活動やキャリア理論の発展は主に米国が牽引してきました。

米国の NCDA（National Career Development Association）は「キャリアカウンセリングは, 職業, キャリア, ライフキャリア, キャリア

の意思決定，キャリア計画，その他のキャリア開発に関する諸問題やコンフリクトについて，資格をもつ専門家が個人または集団に対して働きかけ，援助する諸活動である」と定義しています。

　これまで発展してきたキャリア開発支援の主要なパラダイムである「職業ガイダンス」「キャリア教育」「キャリアカウンセリング」の概要と「日本におけるキャリアカウンセリングの変遷」を考えます。

2. 職業ガイダンス（Vocational Guidance）

　パーソンズは著書『職業の選択』の中で，職業ガイダンスを「若者が特定の職業を選択し，適合するための準備をし，求人を探し，効率と成功を目指したキャリア構築を獲得するための支援」と定義し，そのための三つのステップ，①「自分自身，適性，能力，興味，資源，限界，その他の資質についての明確な理解」，②「成功するための必要条件や状況，長所と短所，報酬，就職の機会，さまざまな仕事についての展望についての知識」，③「この①②の事実についての合理的推論」を示しました。

　この個人の諸特性と職務・進路での成功因子のマッチングを図るマッチングモデルはその後，精神測定運動と重なり，特性・因子論的アプローチとして多様な心理テストを創出させました。また，個人−環境理論であるホランドの職業選択理論へと発展しました。このホランド理論では，①「人の特徴は六つのパーソナリティ・タイプ（現実的，研究的，芸術的，社会的，企業的，慣習的）との類似度で説明できる」，②「人が生活し働く環境は，六つの環境モデル（現実的，研究的，芸術的，社会的，企業的，慣習的）の類似度によって説明できる」，③「職業的な満足，安定性，業績は，個人のパーソナリティとその環境との一致度によって決まる」とし，ホランドの六角形モデルを提唱しました。

　「職業ガイダンス」理論では，人は職務を演じる人（Actor）であり，その適性は特性・因子論的アプローチを基盤とする心理検査で測定することができ，個人と職業＆環境の類似性により最適なマッチングを図る（安定した職業と適合させる）ことがキャリア支援と考えます。

3. キャリア教育 (Career Education)

20世紀半ばになると，スーパー (Super, D. E., 1910-1994) はキャリア発達の理論として「職業的発達の理論」を発表しました。「職業的発達の過程とは，本来的に自己概念の発達や実行である」とし，キャリア発達は自己概念の実現過程であるとする考えは，その後，自己概念とキャリア発達について多くの研究と理論を創出しました。また，キャリアをいわゆる職業履歴ではなく，人生を構成する一連の役割の連鎖であるとし，「ライフキャリアレインボー」で示されるように，キャリアを自己発達の全体の中で，労働への個人の関与として表現される職業と人生の他の役割の連鎖としました。自己発達上の必須条件は，「個人が自らのライフステージにおける発達課題に立ち向かい，社会的に必要とされる進路決定を行い，社会が成長過程の若者や成人に突きつける課題に適切に向かい合うためのレディネス」であるとし，発達過程に応じたキャリア教育を重視しました。

キャリア教育は，個人の成長＆発達という発達的観点からクライエントを行為の主体者（エージェント）としてとらえます。キャリア教育は，クライエントがそのライフステージに適した発達課題に取り組む準備（レディネス）がどの程度できているのかを特徴づけ，彼らがそのキャリアをさらに上に押し上げるために必要な新しい態度・信念，能力を身につけることを支援する活動です。

4. キャリアカウンセリング (Career Counseling)

20世紀の安定した雇用と堅固な組織は，人生を構築し，未来を計画するためのしっかりした基盤を提供してきました。しかし，21世紀の労働は，柔軟な雇用形態と流動的な組織という新たな仕組みに置き換えられ，デジタル革命に伴い長期の仕事が短期のプロジェクトへと変化してきており，100歳時代が到来する中，生涯に渡る安定した仕事はなくなり，個人は自分の人生を設計し，創造的に生きなければならないといえます。人生コースが個別化し，過去のロールモデルが役立たない社会の中で，誰もが自分の人生を創造的に構成することが不可欠になったといえます。

　しかし，職業ガイダンスによるマッチングやキャリア教育による準備教育だけでは，これからの変化し続ける社会の中を生きることが難しいといえます。人生に何度も遭遇する転機に際し，アイデンティティを変化させ，新たな環境に柔軟に適応できるかという問題があります。サビカスは「キャリアカウンセリング」を新たなパラダイムとしてとらえる必要があるとし，キャリア構成理論である「ライフデザイン・アプローチ」を提唱しました。

　このアプローチでは，個人によるライフデザインという計画的視点から，クライエントを企画者としてとらえ，カウンセラーはクライエントがキャリアを構成してゆく時のライフテーマについて内省することや，人生のデザインを再構成することを共に支援すると考えます。

　「キャリアカウンセリング」は，人が仕事の世界における自己と自分の役割について統合した適切な姿を発展させ受け入れるのを支援する過程であり，この概念を現実に対して試行し，実現へと変化させる過程の支援であり，その結果，その人自身が人生の意味・価値を見出し，創造的に生きることを支援することとしています。

5．日本におけるキャリアカウンセリングの変遷────

　表7-1は，日本における社会システムを三つにモデル化して，その相違とキャリアカウンセリングの変遷を整理したものです。

（1）終身雇用型社会

　戦後，高度成長期と終身雇用型社会による安定した社会構造が継続していました。戦後の日本企業の発展の源泉は，他の国々と異なる日本独自の「日本的経営」にあるとされます。日本的経営の特徴は「終身雇用制」「年功序列（年功賃金＆年功昇進制）」「企業別労働組合」であり，日本的経営の三種の神器と呼ばれました。日本の雇用形態は，企業という「共同体」のメンバーになるという意味で「メンバーシップ型」と呼ばれ，日本以外の国々では，職務も労働時間も限定される「ジョブ型」と区別されます。

　日本の正社員制度は，メンバーシップの成員（原則職務，労働時間，勤

表7-1 日本におけるキャリアカウンセリングの変遷

社会システム	終身雇用型社会	雇用流動型社会	変動型社会
	社会構造はピラミッド・安定的		不確実性
企業と個人の関係	企業・従業員が相互依存	企業・従業員は独立した関係	生存競争・新たな共生関係
	企業が個人の生活に介入	契約による雇用形態	多様な生き方／人生コースの個別化
個人が求めるもの	長期雇用の保障	年収・地位・資格	複数のライフステージ
	年功序列・定年退職	Employability	意味・価値の創造
企業のキャリア開発支援	企業内教育	目標管理	キャリア開発プログラム
	配置転換	単一のキャリアゴール	ワークライフ支援サービス
	長期的雇用	技能・資格修得支援	オープンな雇用機会
キャリアカウンセリング	職業ガイダンス	離転職支援	ライフデザイン
	会社選択・職場適応	キャリア形成支援	アイデンティティ再構成
	決められた未来	選択する未来	創造する未来

務地が無限定)として雇用され，その仕事がなくなった時でも配転によって同じ企業内の別の仕事に従事し，定年まで雇用関係を維持できる「長期雇用制度（終身雇用制度)」として，法的に整備され，現在に至っています。社員の採用プロセスも，特定の職務について技能を有する者を，必要のつど募集＆採用するという欧米の国々の「ジョブ型」雇用のあり方とは異なります。

　これまで行われてきた「新卒一括採用」は，企業が卒業予定者（新卒者）を対象に，年度ごとに一括して求人し，在学中に採用試験を行って「内定」を出し，卒業後すぐに勤務させる雇用慣行であり，企業では定期採用と呼ばれます。「メンバーシップ型」のメンバーとして，企業の命令に従ってどんな仕事でもこなせる潜在能力を有する若者を在学中に選考し，学校卒業時点で一括して採用するという，諸外国に例を見ないこの特殊な慣行は明治から実施され，戦後の復興期に一般化しました。

このような日本独自の終身雇用・年功序列・企業別組合の雇用形態や新卒一括採用制度の仕組みの中で，働く人のキャリア自覚の醸成は不問とされました。日本が GNP 世界 2 位となった高度成長期においては，所得倍増計画などが政策として掲げられ，会社に忠誠を尽くし働くことが，国民全体の生活向上を保障することから，経営者・労働者双方にとって，会社が生活の中心となりました。仕事一途で働く「会社人間」であること，「会社を定年まで務め上げる」ことは，当然の共通の暗黙の規範でした。

個人のキャリア選択やキャリア開発は組織主導であり，企業内での配置転換によるゼネラリストの養成が一般的でした。人生コースは標準化されており，企業と個人は相互依存関係であるといえます。求められるキャリアカウンセリングは，会社選択と職場適応を支援することでした。

(2) 雇用流動型社会

1986 年に労働者派遣法が施行され，その後 3 度の改正のたびに，労働条件の整備とともに派遣可能な業種の拡大が実施されてきました。労働者はよりよい労働条件＆環境を求め，転職可能な Employability を高めようとします。企業は目標管理によって業務の達成を管理し，業務がなければ解雇します。この契約による雇用形態が増え，非正規雇用者は，1990 年に全産業で 20.0％でしたが，現在では約 40％に達します。このような労働市場の流動化により，キャリアカウンセリングは離転職支援やキャリア形成支援が中心となりました。

(3) 変動型社会

第 4 次産業革命が進行し産業構造が激変する中で，日本は少子高齢化が進み，2050 年までに 100 歳以上人口は 100 万人を突破すると予想されています。従来の「教育-労働-引退」の 3 ステージモデルは崩壊し，各人は健康寿命を考え，長寿社会でのライフデザインが求められています。仕事がプロジェクト化し，人生コースが個別化しています。個人は人生をデザインし，人生の意味を創造し，複数の転機を乗り越えることが求められます。キャリアカウンセリングは，個人の自己構成と人生設計を支援するこ

とが求められています。

　現在の日本は，この三つのモデルが複雑に混在しており，キャリアカウンセリングに求められるニーズや支援の在り方も多様といえます。

II キャリアコンサルタントが カウンセリングを活用する必要性

1. 一人ひとりがなりうる人間になるために―――――

　2016 年 4 月 1 日から，キャリアコンサルタントの登録制度が開始され，いわゆるキャリアコンサルタントの国家資格化がなされました。キャリアコンサルタントはキャリアコンサルティングを提供する専門家です。キャリアコンサルティングとは，「労働者の職業の選択，職業生活設計又は職業能力の開発及び向上に関する相談に応じ，助言及び指導を行うこと」（職業能力開発促進法，2016）[注1]であり，「わが国独自の雇用政策としての『生涯にわたるキャリア形成支援』」（木村，2015）です。

　この節では，キャリアコンサルタントがカウンセリングを活用する必要性についてお伝えするので，カウンセリングの定義をしてから先に進めたいと思います。

　カウンセリングにはさまざまな定義がありますが，ここでは二つ定義（一部は抜粋）を挙げます。

カウンセリングの定義

● 「クライエントが自分のなりうる人間に向かって成長し，なりうる人になること，つまり，社会のなかでその人なりに最高に機能できる自発的で独立した人として自分の人生を歩むようになることを究極的目標とする」（渡辺・ハー，2001）

注 1）職業能力開発促進法第二条第 5 項（平成 27 年 9 月改正）。

> ●「カウンセリングとは，メンタルヘルス，ウェルネス，教育，そしてキャリアの目標を達成するために多種多様な個人，家族，グループをエンパワーする専門的な関係」(20/20: A Vision for the Future of Counseling, 2010)

そして，キャリアコンサルタントがカウンセリングを活用する必要性として，以下3点を挙げていきます。

(1)「働き方の支援」から「生き方の支援」へ

今日私たちは，社会環境，産業・労働構造のグローバルで急激な変化と，不確実性に満ちた社会の中で生きています。組織と個人の間に新たな共生関係が生まれ，働く人たちそれぞれが「自分らしく働ける環境」への選択肢が多様化してきている一方で，私たちは誰しもが，個人の努力や意欲だけではどうすることもできないような困難を抱える事態——たとえば，思いがけない失職，非正規率が高止まりする中での不安定雇用，健康問題，障害，子育てや老親の介護と仕事の両立 etc.——に直面する可能性をもっています。

たとえば，皆さんは以下のようなケースをどのように支援していきますか？

Aさんのケース：30代前半，女性

係長昇進の内示があった。自分に課された役割はしっかり果たしたいと，何ごとにも手を抜くことなく実直にやってきた。これまでの努力が認められたと誇らしい気持ちはあるが，実は先日，夫にも東南アジアの国への赴任内示があった。年齢のことも考えると，そろそろ子どもをもちたいと夫婦でも話をしていたところだった。どうしたらよいかと考えれば考えるほどわからなくなってしまい，困ってしまって相談に来た。

Bさんのケース：40代前半，男性

片道3時間かかる故郷にひとりで住んでいる母親が脳梗塞になり，運動機能と言語機能に障害が残った。Bさんは未婚，兄弟はおらず，父親はBさんが

小学生の時に他界している。大学を卒業してから非正規雇用が続いた末に，ようやく1年前に正規雇用の職を得たばかり。母親のことが気になり，故郷に戻り再就職をしたほうがよいのかどうか悩み，なかなか眠ることができない日が続いている。

Cさんのケース：50代半ば，男性

役職定年を迎え，給料の大幅ダウンと定年後の生活設計，まだ高校生の子どもの大学進学のことなどを考えると，気持ちがふさぎがちの日が続いている。仕事についても，これまでのような手応えややりがいを感じることができない。このまま定年までこの会社にいてもよいのかどうか悩み，アルコールを飲むことが多くなった。

コンサルティング（consulting）という言葉も，カウンセリング（counseling）という言葉も，どちらも日本語に訳すと「相談・助言」となります。問題解決や除去の支援という点ではほぼ同義ですが，コンサルティングでは専門的立場から解決策を提供することが強調されます。

一方，カウンセリングでは，人生の問題を抱えたクライエントが，自らの問題に取り組みます。カウンセラーとの関係の中で自分を見つめ，自分と対話し，自らのこころの声に深く耳を傾けていきます。そしてこの過程を通して自分や人生についての気づき，内なるメッセージをもとにして，「自分がこれからどうするか（自己探索）」「どのように生きていくか（自己決定）」を自分自身で決めていく体験のプロセスがカウンセリングであり，さまざまな気づきや学びを得て自己成長していくプロセスが強調される，といった違いがあります。

産業領域の現場においては，「働き方の支援」から「生き方の支援」により重きを置いた支援ニーズを求める声も多くなっていることから，キャリアコンサルタントがカウンセリングを活用する必要性はますます高まっています。

(2) 意味付与・価値提供に対する心理的援助

産業領域の現場において，筆者が今，特にクライエントから求められていると感じるカウンセリングの機能は，「意味付与・価値提供」（労働政策研究・研修機構，2015；下村，2015）に対する心理的援助です。

このようなことが求められる背景としては，外的基準を欠く一方で主体性を求められるようなキャリア環境の変化，企業や組織内で意味・価値を見失いやすい状況であることなどが挙げられます。企業や組織で働く人たちがなんらかの理由により，そこに留まって働き続ける意味を見失ったり，何のために働くのかという価値観が揺れ動いたりした際に，別の視点から働く意味を見出すことを手助けしたり，価値をあらためてとらえる支援をしたりするなど，働く意味や価値を提供する心理的援助のことです（下村，2018）。

クライエントの内的キャリア——やるべきこと（使命・価値観），やりたいこと（興味・関心），できること（能力，才能）——を理解し，内的キャリアを満たす外的キャリアの形成を援助するためにカウンセリングが必要なのです。

(3) メンタルヘルス不調の一次予防策として

クライエントが抱える問題には，多くの場合メンタルヘルスとキャリア（career），「人生における役割・環境・出来事との相互作用を通じて行う，全生涯にわたる自己開発」（Gysbers, et al, 1998）に関わる事柄が内包されています。ウェルビーイング（well-being）や Quality of Life を高めるポジティブアプローチのひとつとしても，生きがいや働きがいといった生き方に対する支援が必要とされています。

アントノフスキー（Antonovsky, A., 1923-1994）が提唱した健康生成論（salutogenesis）では，その中核概念である Sense of Coherence（首尾一貫感覚）の三つの感覚をクライエントがもてるように支援します（1979）。

Sense of Coherence の三つの感覚

①**把握可能感**（sense of comprehensibility）：自分の置かれている，あるいは置かれるであろう状況がある程度予測でき，または理解できる感覚。
②**処理可能感**（sense of manageability）：何とかなる，何とかやっていけるという感覚。
③**有意味感**（sense of meaningfulness）：ストレッサーへの対処のしがいも含め，日々の営みにやりがいや生きる意味が感じられる感覚。

　産業領域の現場でカウンセリングを活用しながら，クライエントがこの三つの感覚をもてるような心理的援助をすることは，キャリアの問題だけでなく，同時にメンタルヘルスの一次予防として機能するものであり，この三つの感覚を活用する意義は小さくないと思われます。

2. カウンセリングを活用して生き方・あり方改革の支援をしていきましょう

　キャリアは「職業（occupation）」に限局されるものではなく，人が生まれてから死ぬまで生涯を通した生き方のプロセスを意味します。本当の「働き方改革」は「私たち一人ひとりの，生き方・あり方改革」だといえるのではないでしょうか。

　キャリアコンサルタントがカウンセリングを活用する必要性を，少しでもご理解いただき，「微力だけれども非力ではない」という気持ちで，一人ひとりのキャリアを支えていくことができるように，ともに精進していかれるよう願っております。

Ⅲ　人生の転機を支える

1. 転機とは

　シュロスバーグ（Schlossberg, N. K., 1929-）は，転機とは人生の四つの局面（役割，人間関係，日常生活，考え方）に大きな変化が生じること

だとしています。たとえば，就職・転職，転勤，昇進・昇格，退職，結婚・離婚，出産，病気などのライフイベントは転機になりうるものです。男性も家事・育児に参加する時代では，男女ともに育児休暇と職場復帰をする機会が増えることになるでしょう。さらに，人生 100 年時代といわれる今後の社会では，転職や起業，学び直しをする機会が増えると思われます。それゆえ，転機は誰もが経験しうるものであり，人生は転機の連続だといえます。

シュロスバーグは転機には 3 タイプあるとしています。それは，①自ら変化を起こそうとするような「予期したことが起きる転機」と，②突然降って湧いたような「予期しなかったことが起きる転機」，③「期待したことが生じない転機」です。①②は出来事が生じることから「イベント型」，③は出来事が生じないことから「ノンイベント型」といわれます。

また，転機は，一時点の出来事ではなく，プロセスだと考えられています。このプロセスを何段階に分けるかは研究者によって異なりますが，シュロスバーグやブリッジス（Bridges, W., 1933-）は転機の「始まり」-「最中」-「終わり」の 3 段階に分けています。もちろん，個々人が遭遇する転機体験は固有のものであり，転機のプロセスがクライエントそれぞれで異なった経緯をたどることはいうまでもありません。

2. 転機という悩み

転機はなぜ「悩み」になるのでしょうか。人は人生における重要な価値観や自己概念をもっています。つまり「自分らしさ」です。妥協はあるにせよ，人は自分らしく生きられるように現在の「生活構造」に応じた「適応方法」を用いています。ところが，転機によって生活構造が大きく変化すると，自分らしさを維持してきた適応方法を変えざるをえなくなります。これによって，自分らしさまでもが失われてしまったように感じられて強い喪失感に襲われてしまいます。

なかには，自分らしさを維持するために従来の適応方法を続ける人もいますが，当然，新しい生活構造には適応できず，苦しみを体験し続けることになります。

　最も望ましい方法は，自分らしさを維持しつつ新しい生活構造に応じた適応方法を見出すことです。しかしながら，多くの人は自分らしさを自覚していないため，この方法に気づけずにいます。転機は一見，終わりがないように思えて，性急に物事を進めたくなります。しかし，自分らしさに基づかない対処は，かえって転機を長引かせてしまいます。

3. 転機の支え方

　では，転機を迎えているクライエントを支えるにはどのようにすべきでしょうか。まずは，クライエントの喪失感や悲しみに寄り添いつつ，転機のプロセスを着実に進めることです。

　ブリッジスは，転機の始まりは何かの「終わり」であり，新しいことをするには古いことを終わりにしなければならないと言います。ブリッジスは，そのための二つの問いを提案しています。「人生で今まさに手放すべきものは何か」「人生の舞台袖で出番を待っているものは何か」です。これに従うなら，まずは，役に立たなくなった古い適応方法を手放す必要があります。この時，大切にしている自分らしさ（価値観や自己概念など）までも手放す必要はありません。新しい生活構造の中で，自分らしさとつながる新たな適応方法を検討していけばよいわけです。その前提として，クライエントが自分らしさを自覚しておく必要があります。

　これには，サビカスのキャリア・コンストラクション・インタビュー（第2章Ⅸ「ライフデザイン・カウンセリング」27頁も参照）が役に立ちます。五つの質問によって得られたクライエントの言葉から，クライエント自身を表すストーリーを紡ぎ出す手法です。たとえば，「幼い頃に憧れだった人（肉親を除く）の特徴を尋ねる質問」からはクライエントの自己概念や人生のロールモデルが明確になり，「好きな本や映画のストーリーを尋ねる質問」からは今後の人生の展開や問題解決の方法が示唆され，「好きな言葉やモットーを尋ねる質問」からは次の一歩を踏み出すためのアドバイスが得られます。これらをひとつの大きなストーリーとしてまとめることによって，クライエントは「人生の意味（ライフテーマ）」を見出し，これに基づいた転機の対処方法に気づくことが可能になります。

　また，転機の「最中」では，シュロスバーグの「4S」が効果的です。4S
とは，Situation（状況），Self（自己），Support（支援），Strategies（戦
略）のことで，転機の対処に使えるリソースの点検事項であり，支援のス
テップでもあります。

　Situationでは，クライエントが遭遇している転機の特徴を確認し，転
機による変化とクライエントの苦悩との関係を明らかにします。Selfで
は，クライエントの内的資源（特に強み・長所）を見出します。自分が使
えるリソースの豊富さに気づくこと自体が安心感や転機対処への意欲向上
につながります。Supportでは，活用できる外部資源（家族・友人などの
身近な人，利用できる機関や制度など）を確認して，これとクライエント
をつなげます。Strategiesでは，クライエントが現在もつ対処方法のレ
パートリーを確認し，より効果的なものへと発展させ，実行できるように
支援します。そして，新しい生活構造に適応できた時，転機は「終わり」
を迎えることになります。

4. 転機を乗り越えるための留意点

　以上，転機の支え方としてシュロスバーグ，ブリッジス，サビカスの理
論を紹介しました。転機は，その人が従来とってきた方法では対処できな
い危機状態だといえます。危機状態を切り抜けるには，なるべく多くのリ
ソースを活用することが重要です。同時に，自分らしさを維持しつつ，そ
こに紐づけられた古い適応方法に別れを告げ，新しい生活構造に適応した
生活スタイルを再構築しなければなりません。その間，残念ながら喪失
感・悲哀感を味わうことになります。カウンセラーは，このクライエント
のプロセスに根気強く付き合っていく必要があるでしょう。

　最後に，ブリッジスが提唱する転機を乗り越えるための留意点を紹介し
ます。①焦らない，②ともかく何かしなくちゃという気持ちで行動しな
い，③些細なことでも自分のやり方を大事にする，④変化の良い面と悪い
面の両方に配慮する，⑤話し相手を見つける。ぜひ，カウンセラーである
あなたが，よき話し相手になっていただきたいと思います。

▶さらに学びを深めるために

Bridges, W.（2009）．*Transitions: Making Sense of Life's Changes*．Cambridge: Da Capo Press．倉光　修・小林哲郎（訳）（2014）．トランジション——人生の転機を活かすために．Pan Rolling．

黒川雅之（2018）．ナンシィ・シュロスバーグ——人生上の転機（トランジション）とその対処．渡辺三枝子（編），新版キャリアの心理学［第2版］——キャリア支援への発達的アプローチ．ナカニシヤ出版．

Savickas, M. L.（2015）．*Life-design Counseling Manual*. Middletown．日本キャリア開発研究センター（監修），水野修次郎（監訳）（2016）．サビカス ライフデザイン・カウンセリング・マニュアル——キャリア・カウンセリング理論と実践．遠見書房．

Schlossberg, N. K.（1989）．*Overwhelmed: Coping with Life's Ups and Downs*. Lanham: Lexington Books．武田圭太・立野了嗣（監訳）（2000）．「選職社会」転機を活かせ——自己分析手法と転機成功事例 33．日本マンパワー出版．

参考・引用文献 ──────────────

〈Ⅰ．職業ガイダンス，キャリア教育，キャリアカウンセリング〉

Gratton, L. & Scott, A.（2016）．*The 100-Year Life: Living and Working in an Age of Longevity*．London: Bloomsbury．池村千秋（訳）（2016）．ライフシフト——100年時代の人生戦略．東洋経済新報社．

Savickas, M. L.（2011）．*Career Counseling*．Washington, DC: American Psychological Association．日本キャリア開発研究センター（監訳）（2015）．サビカス キャリア・カウンセリング理論——〈自己構成〉によるライフデザインアプローチ．福村出版．

Savickas, M. L.（2013）．*Career Construction Theory and Practice: Career Development and Counseling Putting Theory and Research to Work*, second edition．Hoboken: John Wiley & Sons．

Schwab, K.（2016）．*The Fourth Industrial Revolution: The World Economic Forum*．Cologny/Geneve．世界経済フォーラム（訳）（2016）．第四次産業革命——ダボス会議が予測する未来．日本経済新聞出版社．

〈Ⅱ．キャリアコンサルタントがカウンセリングを活用する必要性〉

Antonovsky, A.（1979）．*Health, Stress and Coping: New Perspective on Mental and Physical Well-being*．Jossey-Bass: San Francisco.

Gysbers, N. C., Heppner, M. J., & Johnston, J. A.（1998）．*Career Counseling: Process, Issues and Techniques*．Boston: Allyn and Bacon.

Kaplan, D. M., Tarvydas, V. M., & Gladding, S. T.（2014）．20/20: A vision for the future of counseling: The new consensus definition of counseling.

Journal of Counseling & Development, **92**(3), 366-372.

木村　周（2015）．キャリア・カウンセリングとキャリア・コンサルティング．日本労働研究雑誌，**657**，42-43.

厚生労働省職業能力開発局（2002）．「キャリア形成を支援する労働市場政策研究会」報告書．
https://www.mhlw.go.jp/houdou/2002/07/h0731-3a.html（最終確認日：2019 年 10 月 16 日）

下村英雄（2018）．企業内キャリアコンサルティング研究のフロンティア（第 95 回労働政策フォーラムでの講演）．

渡辺三枝子・E. L. ハー（2001）．キャリアカウンセリング入門──人と仕事の橋渡し．ナカニシヤ出版．

第8章	# 個人の意欲と能力を引き出す

I　コーチング

1.　日本におけるコーチングの広がり

　1980 年代後半にアメリカの産業界で広まったコーチングは，日本においては 1990 年代後半から養成機関が設立されて以降企業領域に広がり，管理職や経営層を対象に，人材育成や組織開発を目的に活用されるようになって久しいです。また医療領域や教育領域そして福祉領域にも広がっており，職場で働くカウンセラーにとってもコーチングを活用したクライエント支援を行うことは有益です。

2.　コーチングの定義

　コーチングとは，「対話を手段としてクライエントが設定した目標を，クライエント自らが行動することによって達成することを支援し，成果を出させるコミュニケーション手法」と言われています。「人には限りない可能性がある」「答えはその人の中にある」といった原則をもとにしており，「目標達成」に向けて「質問」を活用しながらクライエント本人に自問自答を促し，自ら考えてもらうアプローチをとります。これは，マイナスからゼロの段階へと「問題解決」を図るカウンセリングとは異なり，ゼロからプラスの段階へと向かっていくイメージになります。目標達成に向けた行動計画は，実現可能なスモールステップで設定していくことがポイントです。

3. 主なコーチングの技法

それではよく使われているコーチング技法を見ていきましょう。

(1) 傾　　聴

カウンセリングと同じく，コーチングでも傾聴は重要な技法です。クライエントを尊重する姿勢・態度で「うなずき」や「あいづち」をしたり，クライエントが語った気持ちや事柄を「伝え返し」するなど，受容的態度・共感的理解をもって話を聴いていきます。

(2) 質　　問

コーチングでは特に重要で有効な技法になります。主に「開かれた質問（オープン・クエスチョン）」を用いて，クライエントが自発的に考えたり想像したりすることによって「気づき」を得たり，目標達成に役立つ「リソース（資源）」を見つけていきます。質問は「シンプルな内容」であるほどクライエントが得られる気づきは大きいです。相手の可能性を信じて問いかけを行っていきます。

(3) 承　　認

「承認」とはクライエントの考えや行動を認めて力づけることです。このことにより，クライエントは自己肯定感が高まり，自信をもてるようになります。「プラスのストローク」を用いて具体的な内容で伝えることが大切です。

(4) フィードバック

カウンセラー自身が感じたことを伝える際に使うスキルです。「私は～のように感じた」というように，私を主語にした「Ｉ（アイ）メッセージ」で伝えることがポイントです。カウンセラー自身が感じたことなので，クライエントには比較的受け容れてもらいやすいでしょう。

（5）チャンクダウン

チャンクとは「大きな塊（かたまり）」を意味します。コーチングでは，大きな課題を実行に移しやすい小さな課題に分けていくアプローチをしていきます。これとは逆に，本質的・根本的な課題について質問していくアプローチを「チャンクアップ」といいます。

（6）外 在 化

目標達成を妨げている問題を「外」にあるものとしてとらえ，クライエント本人から切り離して客観的に見つめることを指します。「（クライエントが）どうして（Why）できないのか」ではなく，「『何（What）』が（クライエントが行動することを）阻害しているのか」といったとらえ方になります。

4.　コーチングスキルを使った事例

次にコーチング技法を使ったアプローチを事例で確認していきましょう。

部下への対応に悩んでいる若手管理職

若手管理職Ａ：部下が仕事の進捗報告をなかなかしてこないので困っているんです。

カウンセラー：部下の方が仕事の進捗報告をなかなかしてこないのでお困りなのですね。【傾聴】その部下の方から進捗の報告がない時，Ａさんはその方にはどのように接しているのですか？【質問】

若手管理職Ａ：頼んでいる仕事がどこまで進んでいるかわからないと上司として困るので，定期的に報告してくれと注意はしているんですが……。部下もその時は「はい」とは言うのですが，なんだかハッキリしない態度なので私もちょっとイライラしてしまいます。

カウンセラー：上司として困るということを説明して注意をされてはいるのですね。【承認】でも，部下の方がハッキリしない態度なのでちょっとイライラしてしまう。【傾聴】Ａさんは部下の方にはどのようになってもらいたいのですか？【質問】

若手管理職Ａ：もちろん，仕事の進捗について，定期的に自分から報告する

ようになってもらいたいですね。そうすれば私も安心ですし。仕事に遅れが出ていたり間違っていたりしていても，すぐに対応ができますから。

カウンセラー：部下の方が定期的に自分から報告するようになってもらいたいと思っているのですね。【傾聴】では，そのためにＡさんは上司として部下の方にどのように接していったらいいでしょうか？【質問】

若手管理職Ａ：頼んだ仕事の進捗を定期的に報告するように指導することでしょうか。

カウンセラー：では，その「指導する内容」について具体的に一つひとつ考えていきましょう。指導にはどんなことが挙げられますか？【チャンクダウン】

若手管理職Ａ：そうですねぇ……。いちいち私から言われなくても毎日進捗の報告はすること，でしょうか。

カウンセラー：毎日進捗の報告はするように指導するのですね。【傾聴】ほかにありますか？【質問】

若手管理職Ａ：報告の際は，要点や疑問点などを簡潔にまとめてもらいたいですね。

カウンセラー：報告は要点や疑問点などを簡潔にまとめる。【傾聴】ほかにはありますか？【質問】

若手管理職Ａ：報告は下を向いてボソボソと言わないでほしい。とりあえずはそんなところでしょうか。でも，うまく指導できるかなぁ。

カウンセラー：うまく指導ができるかまだ自信がもてない。【傾聴】指導をうまく進めさせない何か「邪魔するもの」があるんですね。【外在化】何がＡさんを邪魔しているのでしょうか？【質問】

若手管理職Ａ：う〜ん，日々の忙しさやその部下への否定的な気持ちといったものでしょうか。そういえば，その部下には出社時や退社時の声かけをあまりしていなかったかもしれません。私も気をつける必要がありますね。

カウンセラー：指導する内容や声かけなど，具体的な行動目標が出てきましたね。【承認】先ほどこちらに来た時よりも表情が明るくなった感じがします。【フィードバック】

若手管理職Ａ：おかげさまでやるべきことが具体的になりました。さっそくやってみます。

カウンセラー：次回の面談の際に状況について教えてください。

　このように，コーチング技法を使って面談を進めていくと，クライエントの悩みが整理され，また今後とるべき行動を自ら考えていくことにより，気持ちが前向きに変化してきます。

5. 最 後 に

　バブル崩壊以降，産業構造の変化やグローバル化の進展に伴い，企業や働く人たちを取り巻く環境も大きく変化してきました。企業は競争力を上げていくため，生産性の向上や人材育成による個々の能力向上による組織力強化に日々取り組んでいます。

　産業現場で働くカウンセラーは世の中の変化や所属する職場の状況に常に注意を払い，面談や研修などを通じて従業員，管理職，そして経営層への支援を臨機応変に行っていくことが求められます。より広く深い活躍の場を築いていくためにも，さらなる自己研鑽への取り組みが必要と言えるでしょう。

Ⅱ　アドラー心理学で勇気づける

1. カウンセリング的人間関係

　この項では，アドラー心理学によるカウンセリングで欠かせない「勇気づけ」について学ぶ前に，アドラー派のカウンセラーが重視する「カウンセリング的人間関係」（岩井，2000）の四つの重要なキーワードに触れておきます。「相互尊敬」「相互信頼」「協力」「目標の一致」からなる「カウンセリング的人間関係」（**図 8-1**）は同時に，アドラー心理学の代表的な技法である「勇気づけ」の重要な構成要素でもあります。

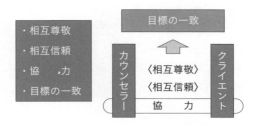

図 8-1　カウンセリング的人間関係

(1) 勇気づけのベースは？

アドラー派のカウンセリングにおいては，カウンセリングにお越しになる人を，人生の課題——「仕事」「交友」「愛」——のどれかについて「勇気をくじかれた人」という認識で接します。ですから，カウンセリングで大事なことは「勇気を与えること＝勇気づけ」だととらえています。極論すれば，クライエントの勇気をくじくことがあるとすれば，それはカウンセリングではない，との認識に立っています。

ここで，カウンセラーとしての重要な態度である「尊敬」「信頼」から説明を始めます。「尊敬」と書くと，上下関係が伴う「尊び敬うこと」のニュアンスが強いので，私は最近「リスペクト」という言葉を用いて，上下関係を避けた次の表現で説明しています。

> 尊敬（リスペクト）とは，人それぞれに年齢・性別・職業・役割・趣味などの違いがあるが，人間の尊厳に関しては違いがないことを受け入れ，礼節をもって接する態度

アドラー派のカウンセラーは，クライエントを（役割の違いがあっても）対等な，尊厳に満ちた友人であるかのように接します。ですから，使う椅子も一緒だし，さらには，いかにもカウンセラーというような前かがみの傾聴の姿勢をとることをしません。

(2) カウンセラーの態度

次に，アドラー派のカウンセラーは，常にクライエントの行動の背後にある善意を見つけようとし，根拠を求めずに無条件に信じるスタンスを保ちます。ビジネスのような調査や条件を伴う「信用」ではなく，より良き人間関係を促進する「信頼」です。

「尊敬」と「信頼」は，カウンセラーの態度として，「相互尊敬」「相互信頼」をもとに，カウンセラー側がより先により多くの尊敬・信頼の態度を

示します。

　この態度があってこそカウンセラーとクライエントの「協力」的な関係が成り立ちます。ただ，アドラー派においては，単に力を合わせる協力だけでなく，この協力は「目標」に向かってのものです。アドラー派は，カウンセリングの初期段階において「何を解決したいのか」の目標についての合意を大切にします。情報収集しながらも，主訴を何とかしようとするのではなく，主訴の背後にある，カウンセリングで解決したいテーマについて合意し，手を携えながら進めていくのがアドラー派のカウンセリングのあり方です。

　アルフレッド・アドラーの通訳でもあり，翻訳にも従事し，自ら『どうすれば幸福になれるか』という大ベストセラーを書いたウルフ（Wolfe, W. B., 1900-1935：精神科医）は，第10章の「失敗のパターン──神経症について」のところで神経症にかかった人を治そうとする時，援助者としてその人に道を教え，元の道に戻すための段階を次のように書いています。カウンセリングに協力的に関わる人には，この文章を，クライエント／患者を旅人（外国人）にたとえた「比喩」として，「カウンセリング的人間関係」に基づくアドラー派のカウンセリングの重要なポイントとして読んでいただけます。

①われわれの善意を示して，その外国人（注：道に迷った人のこと）との間に信頼関係をつくる。
②彼の現在の位置をはっきりと教える。
③彼のやり方の間違った点を分析する。
④旅を続けられるという自信を取り戻させる。
⑤旅人と，彼が迷い込んだ見知らぬ土地の人とを和解させ，旅の途中でまた見知らぬ人に出会ったら，上手に適応するように勇気づける。
⑥目的地までの新しい道順の計画を立てる。
⑦もっと独立心をもち，間違いを繰り返さないために，地図の読み方を教える。
⑧それまでの失敗に気落ちせずに，旅を続けるように勇気づける。

アドラー派のカウンセリングは，著者によってさまざまな段階の示し方がありますが，（ⅰ）情報収集と「カウンセリング的人間関係」の確立を中心とする「関係樹立期」，（ⅱ）クライエントの人生に一貫するその人特有の思考（信念）・感情・行動のスタイルを分析する「分析期」，（ⅲ）クライエントが直面するライフタスクにその人のライフスタイルがどう機能しているかを探る「洞察期」，（ⅳ）カウンセリングの目標に向けてどのように行動を変えていくかの「再教育期」の四つの段階に分けて，ウルフの比喩を実践していきます。

2. 個人の意欲と能力を引き出す勇気づけ

アドラー心理学は「勇気づけの心理学」とも言われています。勇気づけとは，「困難を克服する活力を与えること」で，勇気づけの習慣があれば，カウンセラー自身についても，またクライエントに対しても，直面する課題（ライフタスク）を乗り越えていける力を発揮することができます。

勇気づけの重要なポイントは，次の五つであることをお伝えしておきます（岩井，2019）。

勇気づけのポイント

①困難を克服する活力を与えること，であって
②ほめることでも激励することでもない
③元気な人をより元気にするだけでなく，落ち込んでいる人や，うつ状態の人を力づけることもできる
④自分自身に勇気を与えることもできる
⑤「尊敬」「信頼」「共感」をベースに人との関係を築いていく

また，勇気づけには五つの技術（岩井，2011 et al.）があり，カウンセリングを進める際には非常に有効です。

勇気づけの技術

①【感謝を表明すること】相手に対して感謝できる要素を見つけ，言葉や態度にして表す

② 【ヨイ出しをすること】相手のダメな点でなくヨイ面に注目して伝える
③ 【聴き上手に徹すること】自分が主役になって話すのではなく，相手を主役にして，聴き役に徹する
④ 【相手の進歩・成長を認めること】相手の行動のプロセスに注目し，進歩している点，成長している点を細やかに伝える
⑤ 【失敗を許容すること】相手の肯定的な側面を重視し，失敗しても責めるのではなく，温かく受容する

　以上のポイントを絶えず意識し，具体的な場面で五つの技術を用いて対応すると，勇気をくじかれて来談したクライエントを勇気づけることができます。詳しくは，「さらに学びを深めるために」の文献にも目を通され，あなた自身が勇気づけの名人になることを期待しております。

▶ **さらに学びを深めるために**

岩井俊憲（2000）．アドラー心理学によるカウンセリング・マインドの育て方——人はだれに心をひらくのか．コスモス・ライブラリー．
岩井俊憲（2011）．勇気づけの心理学［増補・改訂版］．金子書房．
岩井俊憲（2019）．「勇気づけ」でやる気を引き出す！　アドラー流リーダーの伝え方．秀和システム．
Wolfe, W. B.（1932）．*How to Be Happy though Human*. New York: George Routledge & Son. 岩井俊憲（監訳）（1994/95）．どうすれば幸福になれるか（上）（下）．一光社．

参考・引用文献 ────────────

〈I．コーチング〉
谷口祥子（2016a）．ポケット図解　コーチングがよ～くわかる本．秀和システム．
谷口祥子（2016b）．図解入門ビジネス　最新コーチングの手法と実践がよ～くわかる本［第3版］．秀和システム．

職場で働くカウンセラーになるには

1. 企業においてなぜカウンセリングが必要か

「カウンセリングは，ひたすら相手の言うことや愚痴を傾聴しているだけで，問題解決には役立たない」。こう考えている人はいまだに少なくないのではないでしょうか。

もちろんカウンセリングの基本は傾聴にありますが，適切な質問で問題課題を整理したり，問題解決へのアプローチも行います。カウンセリングの本質は，傾聴をベースとして「個別対応」をより深く行えるところにあると言っていいでしょう。グループのカウンセリングもありますが，基本は一対一の対話です。

企業の中でもカウンセリングの手法は必要で有効です。企業においての最大公約数としての目標は，売上利益を伸ばす，生産性を上げる，顧客の問題解決を通して顧客満足度を上げる，その土台として従業員の心身の健康の維持増進と従業員満足度を上げる，などの事柄でしょうか。

生産性を上げるにしても，朝礼で経営者が力説するだけでは「笛吹けど踊らず」になりかねません。従業員の一人ひとりの意識とやる気，モチベーションを高め，組織の目標とのすり合わせを行うにはどうしても個別対応が必要になります。

MBO（Management by Objectives：目標管理）について考えてみましょう。そもそも MBO を考えたひとりはマネジメントの父，ピーター・ドラッカー（Drucker, P. F., 1909-2005）ですが，そのメリットは何でしょうか。従業員の内発的動機づけを促進しモチベーションを高めるこ

と，少し高めの目標に挑戦し人材育成のストレッチに役立つことにあります。重要なのは，その前提が上司と部下の間でのコミュニケーションが十分にとれていることです。でないと，組織の目標を個人に押しつけるだけで，納得感も得られないノルマの管理になってしまい，モチベーションアップどころか逆に不満をためる結果になっていたりします。そんな職場はあちこちに見受けられないでしょうか。

2. カウンセリングのプロセスと MBO 面接

　上司と部下でどんなコミュニケーションをとったらいいのか。そこにカウンセリングの手法が活かせるのです。ここでカウンセリングのプロセスを振り返ってみます。

カウンセリングのプロセス

①本人が抱える曖昧な問題（事実，感情，計画）を表現してもらう
②対話を通して明確化する（要約整理，視点の転換，感情の言語化）
③問題解決に向けてアプローチする（目標課題の設定，スモールステップに分ける，実現可能性や現実性の吟味，計画リハーサル，支援者探し，障害となることへの対処）
④本人が実行する
⑤評価，フィードバック，フォローアップする

　以上のカウンセリングのプロセスで傾聴を基本としながら信頼関係を構築，維持，深化させていきます。
　次に上司と部下の MBO の面接場面を考えてみましょう。まず，部下本人の状況，事実と気持ち，未来へ向けてどうなりたいか，希望や計画などを順に聞きます。事実と気持ちを聞く際はバランスが大事です。事実確認ばかりを質問しても気持ちが聞けない，または気持ちばかりに焦点をあてすぎても客観的な状況が確認できない。
　たとえば営業が向いていないという3年目社員。向いていないとは本人はどんな認識からなのか。まず状況，事実と気持ちをバランスよく聴きます。客観的な売上数字の推移はどうなのか，同僚と比較，本人の前年との

比較，担当しているエリア，顧客企業の特徴などから客観的な事実を確認する必要があります。

一方，数字自体は悪くないのに，先輩や顧客企業の担当者との人間関係で悩んでいたり，自己効力感が高くなくて主観的に落ち込んでいるのか，あるいはもともと入社時からマーケティング部門を希望していたので早く異動したいと思っているのかもしれません。そうした気持ちをじっくりと聞いてあげることが必要な場合があります。営業数字を上げるための具体的なスキル，ヒント，アドバイスが必要なのか，気持ちの整理をつけたり，将来の見通しを立てたりできる対話が必要なのかなど，本人の悩みの性質を見極めて，適切な目標設定，成果の評価のフィードバックなどにつなげることが大切です。

3. 組織と個人をつなぐカウンセリングマインド——————

(1) 組織と個人の葛藤のマネジメント

組織内での役割上行う面接においても，本人の個別の状況を把握することは必要です。

今の気持ちのネガティブ面（不満，不信，不安，自信がない，不公平感，怒り，憤り等），ポジティブ面（期待感，充実感，達成感，自信，感謝，自己効力感など）がそれぞれどの程度あるのか。考え（問題意識，アイディア，意見，提案など），未来へ向けての計画（これからどうなったらいいと考えているのか，キャリアの見通しなど），どんなことが内発的動機づけに作用するのかなどは，対話を通して本人に聴かなくては明らかになりません。

一方，役割上行う面接は，本人の個別の状況をふまえて，組織からのメッセージを個別に即して，相手に納得の行く受け入れやすい言い方で伝える場でもあります。方針，目標はチーム，個人にブレイクダウンしてそれぞれが納得の行く目標設定をすり合わせる。ほかにも組織が個別に伝えるべきメッセージは，本人への期待，指導，命令，要望注文，改善点，評価，人事配置，異動の伝達などさまざまです。個人と組織の視点，立場，利害はつねに一致するとは限りません。むしろ，相反し葛藤する中でのマ

ネジメントといってもいいでしょう。面接者自身の個人的な感情さえ，押し殺して非情に徹しなければならない時もあるかもしれません。

(2) スキル以前に大切なこと

　不本意な異動を告げられた時に，居酒屋でしょげる私に上司が言ってくれた一言があります。「あなたの良さは，今はこの会社では理解されにくいかもしれないが，10 年先にはきっと必要になる時が来る」。10 年は長いなあ，と思いながらもその時私はなぜかスッキリして異動先へ行きました。ただ気休めを言ってくれただけかもしれませんが，二十数年経った今でも思い出します。

　カウンセリングのスキル以前に大事なことは，地位や肩書を越えて同じ勤め人を対等にリスペクトし，相手に対して「心を遣う，言葉を尽くす」ことではないでしょうか。組織と個人をつなぐ人になるためにはこのカウンセリングマインドが大切だと思います。

　最後に，業務の性質上，日頃から社員と「役割」「機能」として関わることが多い人事担当者や管理職こそ，自らが（キャリア）カウンセリングの相談者体験をしてその効能を実感すること，自己理解やキャリア形成についての考えを深めていくことが，カウンセリングマインドを豊かにし，技術スキルを磨くうえで必要なことではないかと思います。

▶さらに学びを深めるために

諸富祥彦（2014）．新しいカウンセリングの技法――カウンセリングのプロセスと具体的な進め方．誠信書房．
下園壮太（2008）．目からウロコのカウンセリング革命――メッセージコントロールという発想．日本評論社．
杉原保史（2015）．プロカウンセラーの共感の技術．創元社．
高橋　浩・増井　一（2019）．セルフ・キャリアドック入門――キャリアコンサルティングで個と組織を元気にする方法．金子書房．

Ⅱ　職場におけるカウンセラーの活動

1. 職場内であるメリットを最大限に活かす——————

　職場内で活動するカウンセラーの一番のメリットは，相談しに来る職員の利益を守ると同時に，企業としての対応や改善を求めることで，企業内の風土や，環境改善を促すことができる点にあります。包括的に関わることにより，職員にも企業にもプラスになります。

　外部のカウンセラーは，本人の気持ちを整理するための関わりを含めたカタルシス効果（心の浄化）にとどまり，本人のみの問題であれば効果を発揮できるものの，周囲の人間関係や環境が大きな影響を及ぼしている場合に，それを改善させることはできません。クライエント本人に，「職場の人に申し出てみては」と提案するのがせいぜいかと思います。しかし，本人が職場に対し意見を言ったり，問い合わせをするなどの具体的な行動になると，クライエントの性格にも左右されますし，エネルギーが必要になるため，モチベーションが下がっていたり，心身の不調の場合は特に難しくなります。

2. 現場だからこそわかること——————

　個人的な悩み相談であるからこそ見えてくる問題点があります。上司に相談しにくい環境であるとか，設備や決まりについての不透明さや使いにくさだとか，具体的な問題を把握しやすくなります。また，やり取りの中で疑問に思ったことも，実際はどうなのかを確かめることが可能です。

(1) 特定の人物が原因のケース

　たとえば，体調不良や仕事への意欲減退を訴えてきた複数の職員がいたとします。その複数人の職員が体調を崩した時期の上司が，すべて同じ人物だということがあります。ある上司の下につくと，軒並み体調不良が起こるというのは，相談しに来た職員ではなく，その上司に問題があるケー

スが見受けられます。こうした場合に，上司にあたる人物との面談や周囲の状況確認もしたうえで，対応を促すことができるのは，職場のカウンセラーの大きな強みです。ちなみに，このようなケースの対応例は，該当者への再教育，該当者の上にあたる役職者の目が届く職場環境の整備，部下のいない部署への異動，職務替えなどが挙げられます。

　もちろん，カウンセラー自身には人事権も決定権もないですが，保健師もしくは産業医と連携して，人事や労務，総務などその企業の担当者と，問題を共有することが可能です。

　時折，カウンセラーの中にも，「守秘義務があるので」と問題をひとりで抱え込み，周りのスタッフといっさい情報共有しないので困るという現場の話も聞きます。「守秘義務」遵守は大切なことですが，「集団の守秘義務」というとらえ方があります。産業医や保健師などの健康管理スタッフをはじめとする，労務関係者との連携は，どこまでを範囲とするか最初に取り決めておく必要がありますが，このことはクライエントである職員と企業の双方の利益を守るために必要です。

　また，その折には，クライエント本人に共有範囲を確認する必要もあります。相談内容によっては，概要を記した用紙にサインをしてもらいます。この時，「概要」「誰までの範囲に開示を承認するか」などを箇条書きにした書式に，チェックとサインをしてもらうと安心です（本人の問題であるケースに関しては，第6章Ⅰ「産業医，カウンセラー，産業保健スタッフの連携による対応」130頁をご参照ください）。

（2）職場システムに問題があるケース

　常に納期遵守に迫られたり，時間を問わず速やかな顧客対応が必須の職場などは，勤務時間の超過や休日出勤がやむをえない場合があります。そのような状況下で，勤務表の書き方や勤怠の申請の仕方が煩雑だと，申請が遅れたり，申請そのものを失念するケースが出てきます。

　働き方改革が進み，勤務時間が制限されるなど管理が厳しくなっている中，申請の不備があると人事評価が下がることがあります。それによって，「いったい何のために働いているのか」と著しくモチベーションを下

げてしまったり，心身の不調に陥ることがあります。

　熱心に仕事をしている人は，それを問い合わせる時間さえないこともあり，真摯に業務に取り組んでいる人ほど，不利益なシステムに翻弄されやすいといえます。また，そういった部署の上司は自分も忙しく，細かいことに目が届かずに関われない場合も多く，部下は泣き寝入りになることが見られます。そのような場合，現場にいるカウンセラーは，わかりやすい，負担の少ない申請方法を取り入れることや，突発的なものに対してのイレギュラーな対応方法など，現場に沿った対応を再検討してもらうよう，申し出ることが可能です。要望までは難しくとも，必要各所に現状を理解してもらうことによる効果は望めます。職場環境改善も大切な仕事です。

3.　人間関係トラブルを改善させる具体的な取り組み

　また，人間関係の悪化やトラブルの場合は，人事異動までしなくとも，担当替えで落ち着くこともしばしばあります。同じ業務や顧客を担当しないなど物理的に接触がなくなることで鎮静化することも多々見られます。もちろん，好き嫌いで担当を代えるということを，それぞれが行ってしまえば組織は成り立っていきませんので，それ相応のエビデンスは必要です。

　相手への処分を求めるという事例は，明らかなハラスメントなど，よほどのことがない限り少なく，今後，同じ職場で働いていくうえで，おおごとにせず改善が望まれる場合に，席替えやオフィスレイアウトの変更は有効です。もちろん企業の体質や担当者によって，こちらが提案したことをそのまま実行してくれるかどうかはケースバイケースですが，少なくとも働きかけることはできます。

　席が隣でなくなるといった一見些細なことでも，大きな変化をもたらすことがあるので，問題を把握したら，積極的に関わることが大切です。

4.　利用しやすいような取り組みを

　相談室は，利用したことのない人にとっては，非常にハードルが高い部分もあり，最初の一歩を踏み出すことには慎重で，抵抗感をもたれる方がいます。「何を話していいのかわからない」「どんなふうに話せばいいのか

「不安」ということを少しでも払拭してもらうとともに，普段から相談室や
カウンセリングルームの存在を明らかにしておくことが重要です。相談体
制の設置があること自体の認識がなかったり，相談方法がよくわからない
などで利用者がなく，残念ながら形骸化しているところも多い現状ですの
で，そうならないためにも継続的で啓発的な発信が望まれます。

　最近は，社内報等の情報通達が WEB 閲覧のところも多いかと思います
ので，WEB 上の社内掲示板などで呼びかけたり，心の健康やストレスマ
ネジメントに関するコラムなどを掲載するのもよい方法です。

　誰でも，いつでも利用できるということを伝えるためには，実際にメン
タルヘルスの研修の実施の中で，直接呼びかけるという方法も効果的で
す。常勤でなくとも，健康保健スタッフや社内カウンセラー（担当者がい
る場合）と密に連携をとり，利用しやすさをアピールしていくことが大切
です。

5. 職場で働くカウンセラーになるには

　職場内カウンセラーは，クライエントとなる職員の話の内容から，企業
や組織内の重要事項等が語られる可能性も高いので，守秘義務に徹し情報
漏洩を起こさない，強い責任感をもつことが求められます。また，職員と
企業組織，両方の利益を考えられる多角的で広い視野も求められます。採
用に際しては一般公募のようなかたちは少なく，何かしらの仕事を通じて
つながったことがあり，ある程度の人となりや背景を知っている，信頼の
おける社内（関係者）の人物の紹介，他の企業での豊富な相談業務経験が
ある，現存のカウンセラーの紹介，もしくは会社 OB であることもありま
す。

　資格（上位資格や資格数）や学歴よりも，実績を積むこと，そして人脈
づくりが，職場で働くカウンセラー業務につながります。

▶さらに学びを深めるために

大野萌子（2015）．わたしの仕事6　産業カウンセラー．新水社．

Ⅲ　キャリアコンサルタントの成長

1. わが国におけるキャリア支援

　本節では，キャリアコンサルティング，およびその担い手であるキャリアコンサルタントについて解説します。

　日本におけるキャリア支援は労働政策上の動きや社会的ニーズの影響を受け，徐々に職務としての確立が進みました。2001年の第7次職業能力基本計画では，企業を取り巻く環境が変化する中で，働き手自身が自らのキャリアについて主体的に考えることや，環境を整備することが重要であるとの趣旨から，キャリアコンサルティングの基盤整備や推進が進み，2002年からは能力評価試験が開始されました。2015年9月には「キャリアコンサルタント」を名称独占の国家資格とする法律が成立し，2016年4月以降は，国家資格者として責務を担う存在となっています。キャリアコンサルタント登録者は2019年時点で約4万7千人，活動範囲は就職支援領域にとどまらず企業領域，教育領域，さらに地域領域へ広がりを見せています。

　このように，キャリアコンサルタントの活動領域や期待は拡大し法的な基盤も整ってきましたが，支援者数の拡大と質的向上は引き続き課題として残っています。また，キャリアコンサルタント自身にとっても，資質や技能の向上は重要なテーマとなっています。，

　本節では，初めに「キャリアコンサルタント制度」を説明し，続いて，キャリアコンサルタントの成長のための基盤ともいえる「必要とされる能力要件」を確認し，「キャリアコンサルタント登録者の活動状況」について触れます。さらに，「キャリア支援者の職業的発達」についても紹介します。キャリアコンサルタントが自らの職業的発達や成長について認識し，研鑽し続けるための示唆になることを期待しています。

2. キャリアコンサルタント制度の概観

(1) 国家資格キャリアコンサルタント

2016年4月より，キャリアコンサルタント登録制度が創設されました。勤労青少年福祉法等の一部を改正する法律（平成27年法律第72号）による改正後の職業能力開発促進法に基づき，国家資格制度としてあらためてスタートを切ったと理解できます。2002年より実施されてきた能力評価試験と，能力の範囲および水準が実質的に同等程度のものとして設計されており，この資格はキャリアコンサルタントとしての標準レベルであると認識されています。名称独占資格であるキャリアコンサルタントの登録は5年ごとに更新が必要であり，守秘義務・信用失墜行為の禁止義務が課されています。

厚生労働省（2002）は，キャリアを「過去から将来の長期にわたる職務経験やこれに伴う計画的な能力開発の連鎖」と説明し，上述した法律の中で，キャリアコンサルティングを「労働者の職業の選択，職業生活設計又は職業能力の開発及び向上に関する相談に応じ，助言及び指導を行うこと（第2条第5項）」と，キャリアコンサルタントを「キャリアコンサルタントの名称を用いて，キャリアコンサルティングを行うことを業とする（第30条の3）」と定義しています。ここでの労働者という言葉には，労働者予備軍や学生など広い対象者が含まれており，職業生活設計や能力開発などを通した個人の成長を支援する理念が端的に示されています。

(2) キャリアコンサルティング関係資格

ところで，「キャリア」とはそもそも，どのような内容を含んだ言葉なのでしょうか。キャリアとは，広義には生涯に渡る生き方全般やプロセスに関わる言葉であり，仕事や職務経歴だけを示す狭い意味ではないという理解が近年は広がっています。研究者によるさまざまな定義はありますが，渡辺（2007）や坂柳（2007）は，「人と環境との相互作用の結果」であり，「時間的な流れ」と「空間的な広がり」，「個別性」の要素が共通して内包されていると述べています。このように，本来的には広義であるキャリ

アに関する支援，すなわち個人が何をどのように選択し，働き，生きてい
くのか，その個人をとりまく環境・組織とどのように向き合っていくのか
等を通して，個人の成長を目指すための支援，それがキャリアコンサルト
の役割や責任として求められていると考えられます。

　なお，国家資格化されたキャリアコンサルタントを標準レベルと表現し
ました。2009年以降にキャリアコンサルティング職種技能検定2級およ
び1級の試験制度が順次整備され，それぞれキャリアコンサルティングに
おける熟練レベル・指導レベルに相当すると概念的には位置づけられてい
ます。つまり，キャリアコンサルティング関係資格は国家資格化された
キャリアコンサルタントを基盤とした垂直構造として，おおむね理解され
ています。

3. キャリアコンサルタントとして必要とされる能力─────

　キャリアコンサルタントとして必要とされる能力要件は，以下の4科目
に区分されています。①「キャリアコンサルティングの社会的意義」，②
「キャリアコンサルティングを行うために必要な知識」，③「キャリアコン
サルティングを行うために必要な技能」，④「キャリアコンサルタントの
倫理と行動」。国家資格化前から整理されていた能力体系が継続して使わ
れています。社会的動向やキャリアコンサルティングの意義の認識，具体
的な知識獲得や技能向上，職業的倫理や基本姿勢・自己研鑽などが含まれ
た，キャリアコンサルタントとしての専門性を高めていくための指標とし
て理解すべき内容となっています。

　具体的な指標として養成講座のモデルカリキュラムも示されています
が，時代の変化に伴い，そのつど見直しが行われてきました。**表9-1**は
2018年3月の見直しに基づいた内容です（厚生労働省，2018）。この見直
しによる施行期日は2020年4月とされていますが，特に拡充・強化すべ
き項目も同時に示されました。①「クライエントや相談場面が多様化して
きていることを踏まえた，基本的スキルの一層の充実を図るための知識及
び技能」，②「企業におけるキャリア支援に関する知識及び技能」，③「個
人の生涯にわたる主体的な学び直しと，これによるキャリアアップや再就

表 9-1　養成講習カリキュラム

科　　目	範　　囲	
キャリアコンサルティングの社会的意義	一	社会及び経済の動向並びにキャリア形成支援の必要性の理解
	二	キャリアコンサルティングの役割の理解
キャリアコンサルティングを行うために必要な知識	一	キャリアに関する理論
	二	カウンセリングに関する理論
	三	職業能力の開発（リカレント教育を含む）の知識
	四	企業におけるキャリア形成支援の知識
	五	労働市場の知識
	六	労働市場及び労働関係法令並びに社会保障制度の知識
	七	学校教育制度及びキャリア教育の知識
	八	メンタルヘルスの知識
	九	中高年齢期を展望するライフステージ及び発達課題の知識
	十	人生の転機の知識
	十一	個人の多様な特性の知識
キャリアコンサルティングを行うために必要な技能	一	基本的な技能
	1	カウンセリングの技能
	2	グループアプローチの技能
	3	キャリアシートの作成指導及び活用の技能
	4	相談過程全体の進行の管理に関する技能
	二	相談過程において必要な技能
	1	相談場面の設定
	2	自己理解の支援
	3	仕事の理解の支援
	4	自己啓発の支援
	5	意思決定の支援
	6	方策の実行の支援
	7	新たな仕事への適応の支援
	8	相談過程の総括
キャリアコンサルタントの倫理と行動	一	キャリア形成及びキャリアコンサルティングに関する教育並びに普及活動
	二	環境への働きかけの認識及び実践
	三	ネットワークの認識及び実践
	1	ネットワークの重要性の認識及び形成
	2	専門機関への紹介及び専門家への照会
	四	自己研鑽及びキャリアコンサルティングに関する指導を受ける必要性の認識
	五	キャリアコンサルタントとしての倫理と姿勢
その他	一	その他キャリアコンサルティングに関する科目

※現行カリキュラムに 2018 年見直しを反映させた

職等の支援に関する知識及び技能」，④「社会環境変化や労働政策上の課
題（例：職業生涯の長期化，仕事と治療の両立支援，子育て・介護と仕事
の両立支援等）の解決に対する役割発揮の観点から必要な知識・技能」の
4項目です。

　このように，関連制度・施策の効果的な運営や，「働き方改革」「人生
100年時代構想」などの新たな政策的重要課題に関する役割の発揮など，
キャリアコンサルタントに求められる社会的役割や期待は，さらに広がっ
ています。

4. キャリアコンサルタント登録者の活動状況

　キャリアコンサルタントを対象者に，電子メールを通じて調査が行われ
ました（労働政策研究・研修機構，2018）。調査期間は2017年6〜7月，
有効回答数は3,273件です。

　主な結果として，活動領域においては企業領域が拡大していることがわ
かります（**図9-1**）。また，地域領域では医療機関・福祉施設・自治体など

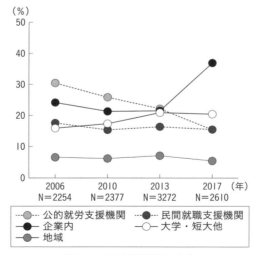

図9-1　主な活動領域の変化

キャリアコンサルタント登録者の活動状況に等に関する
調査　労働政策研究・研修機構（2018）より引用

のさまざまな領域に拡大し，発達障害等への対応の困難など新たな課題が広がり，フリー・自営で働くキャリアコンサルタントが増加している等の結果が示されました。

　さらに，キャリアコンサルタントとしての能力の維持・向上のために行っていることとして，「相談実務の経験を積む」と「キャリアコンサルティングに関する研修会・勉強会等への参加または実施」が多く回答されていましたが，「特に情報交換や交流のネットワークはない」という意見も一定数確認されました。このように，キャリア支援に関する多様性が拡大しています。現場に応じたキャリア支援を提供していくためにも，主体的に学び続けることが必要です。

5. キャリア支援者としての職業的発達

（1）キャリア支援者の職業的発達

　キャリアコンサルタントとしての成長とは，ここまでで述べてきたキャリアコンサルタントとして必要とされる能力（基本的な姿勢や倫理，知識・技能などを含む）や役割を深め，高めていくことと言えるでしょう。では，キャリアコンサルタントは入職後，どのようなプロセスで職業的な発達が進んでいくのでしょうか。原・小玉・岡田（2013）は，インタビュー調査により初心者から中堅者に向かう職業的発達プロセスについて検討しました。その中で，キャリア支援者としての意識と技能の変化は，対人援助職として基本的な要素とキャリア支援職として特徴的な要素の両面があることが確認されました。ここでは特に，特徴的な要素について紹介します。

　キャリア支援者は入職後，経験が支援に活きることと経験の有無が支援の阻害になることの両面を体験し，「自身の経験と向かい合う」ことの重要性を認識します。そうした中，個人，組織，あるいはその両方へのキャリア支援を推進しつつ，自身の内面ではキャリア支援に対する理解の深まりが進むという，それぞれの現場での「キャリア支援の推進」が続いていきます。

　そうした実践を重ねていく中で，自身のキャリアの再構築が進み支援者

としてのありたい姿を描けることもあれば，まだ漠然としている方向性を感じることもあるなど，「自身のキャリア探索」も進んでいきます。つまり，①「キャリア支援者は対人援助職としての基本的な意識や技能が向上していくことを基盤としながら」，②「自身の経験と向かい合いつつ，支援者としてキャリア支援を推進し」，③「自らのキャリア探索も同時に進んでいく」という三つの要素が循環的に関係し合う，特徴的なプロセスがあると解釈できます。キャリアに関する支援者である自分と自身のキャリアを構築していく当事者である自分，この両面を認識し両面を育んでいくことが，キャリア支援者にとっての成長につながると考えられます。

(2) キャリアコンサルタントとしての成長と倫理

　キャリア支援者の職業的発達には，実践の中で場数を積み重ねていくこと，スーパービジョンによる気づきや職務を通した振り返りが有用であること，専門職同士の相互研鑽や専門職としての先輩格の存在も大切であること，支援での基本スタンスや自分なりの人生観をもつことなども，重要な要素として整理されました。支援者としての課題を見出し謙虚に研鑽し続けていく，先輩格の存在やスーパービジョンなどのシステムをうまく活用する，自身に向き合い自らのキャリアに思いをはせる時間を定期的にもつ，仲間や専門職同士のコミュニティを大切にし情報交換や交流をする，などをキャリアコンサルタントの成長につながる具体的なヒントとしてください。

　ところで，キャリアコンサルタントの倫理綱領（キャリアコンサルティング協議会，2016）には「第3条　キャリアコンサルタントは，常に公正な態度をもって職務を行い，専門家としての信頼を保持しなければならない」「第4条　キャリアコンサルタントは，キャリアコンサルティングに関する知識・技能を深める，上位者からの指導を受けるなど，常に資質向上に向けて絶えざる自己研鑽に努めなければならない」と明記されています。自身の現場や被支援者に対してどう専門家として信頼してもらい，それを保持していくのか，そのためにもどう自己研鑽を継続させていくのか，それは倫理的にも重要であることがわかります。キャリアコンサルタ

ントとしての成長には，この二つの視点も不可欠であることを忘れてはな
らないでしょう。

▶さらに学びを深めるために

原　恵子（2017）．キャリアカウンセラーはどのように成長・熟達していく
のか──キャリア支援職者の職業的発達プロセス．岡田昌毅（編），働く
ひとの生涯発達心理学──M-GTA によるキャリア研究．晃洋書房．

参考・引用文献 ────────────────

〈Ⅲ．キャリアコンサルタントの成長〉
原　恵子・小玉正博・岡田昌毅（2013）．中堅キャリア支援職者における職業的発達プ
ロセスに関する探索的研究．キャリアデザイン研究，**9**，49-63.
厚生労働省（2018）．キャリアコンサルタントの能力要件の見直し等に関する報告書
（キャリアコンサルタント登録制度等に関する検討会）．
https://www.mhlw.go.jp/stf/shingi2/0000199011.html
厚生労働省職業能力開発局（2002）．「キャリア形成を支援する労働市場政策研究会」報
告書．
https://www.mhlw.go.jp/houdou/2002/07/h0731-3a.html（最終確認日：2019 年
10 月 16 日）
厚生労働省職業能力開発局（2012）．平成 23 年度「キャリア・コンサルティング研究会
──キャリア・コンサルタント自身のキャリア形成のあり方部会」報告書．
https://www.mhlw.go.jp/stf/houdou/2r98520000026lgi-att/2r98520000026lt4.pdf
（最終確認日：2019 年 10 月 16 日）
三菱 UFJ リサーチ＆コンサルティング（2016）．平成 27 年度「キャリア・コンサルテイ
ング研究会」報告書（厚生労働省委託事業）．
https://www.mhlw.go.jp/file/04-Houdouhappyou-11805001-Shokugyounou
ryokukaihatsukyoku-Carrierkeiseishienshitsu/0000120771.pdf
労働政策研究・研修機構（2018）．キャリアコンサルタント登録者の活動状況等に関す
る調査．
https://www.jil.go.jp/institute/reports/2018/0200.html（最終確認日：2019 年 10
月 16 日）
坂柳恒夫（2007）．キャリア・カウンセリングの概念と理論．愛知教育大学報告，**56**，
77-85.
特定非営利活動法人キャリアコンサルティング協議会（2016）．キャリアコンサルタン
ト倫理綱領．
https://www.career-cc.org/files/rinrikoryo.pdf#search=%27%E3%82%AD%E3
%83%A3%E3%83%AA%E3%82%A2%E3%82%B3%E3%83%B3%E3%82%B5%E3%8
3%AB%E3%83%86%E3%82%A3%E3%83%B3%E3%82%B0%E5%8D%94%E8%AD

%B0%E4%BC%9A＋＋＋%E3%82%AD%E3%83%A3%E3%83%AA%E3%82%A2%E3
%82%B3%E3%83%B3%E3%82%B5%E3%83%AB%E3%82%BF%E3%83%B3%E3%8
3%88%E5%80%AB%E7%90%86%E7%B6%B1%E9%A0%98%27（最終確認日：2019 年
10 月 16 日）

渡辺三枝子・E. L. ハー（2001）．キャリアカウンセリング入門──人と仕事の橋渡し.
　ナカニシヤ出版.

■ 「職場で使えるカウンセリング」を学べる機関 ■

● 一般社団法人　日本産業カウンセラー協会
　〒105-0004　東京都港区新橋 6-17-17　御成門センタービル 6 階
　TEL：03-3438-4568　　FAX：03-3438-4487
　https://www.counselor.or.jp/

● 一般社団法人　日本産業カウンセリング学会
　〒162-0822　東京都新宿区下宮比町 2-28　飯田橋ハイタウン 1020
　TEL/FAX：03-5228-4418
　https://www.jaic.jp/

● 中央災害労働防止協会　（中災防）
　〒108-0014　東京都港区芝 5-35-2　安全衛生総合会館 6，8 ～ 10 階
　TEL：03-3452-6841
　https://www.jisha.or.jp/index.html

● 一般社団法人　気づきと学びの心理学研究会〈アウエアネス〉
　〒101-8301　東京都千代田区神田駿河台 1-1
　　明治大学文学部 14 号館 6 階 B611　諸富研究室内
　FAX：03-6893-6701
　E-mail：awareness@morotomi.net
　https://morotomi.net/awareness/

● 一般社団法人　日本メンタルアップ支援機構
　〒104-0061　東京都中央区銀座 1-3-3　G1 ビル 7 階
　E-mail：info@japan-mental-up.com
　https://japan-mental-up.biz/

● **特定非営利活動法人 日本キャリア・カウンセリング研究会**
〒150-0012　東京都文京区湯島 3-13-8　湯島不二ビル 601
TEL：03-6806-0693　　FAX：03-6806-0694
E-mail：info@npo-jcc.org
http://npo-jcc.org/

● **株式会社日本・精神技術研究所（日精研）**
〒102-0074　東京都千代田区九段南 2-3-27　あや九段ビル 3 階
TEL：03-3234-2961　　FAX：03-3234-2964
https://www.nsgk.co.jp/

■編者紹介

諸富　祥彦（もろとみ　よしひこ）

1992年　筑波大学大学院博士課程教育学研究科修了
　　　　千葉大学教育学部助教授を経て，

現　在　明治大学文学部教授，博士（教育学），臨床心理士，公認心理師

著　書　『孤独の達人』（PHP研究所，2018年），『「本当の大人」になるための心理学』（集英社，2017年），『新しいカウンセリングの技法』（誠信書房，2014年），『カウンセラー，心理療法家のためのスピリチュアル・カウンセリング入門（上）（下）』（誠信書房，2012年），『はじめてのカウンセリング入門（上）（下）』（誠信書房，2010年），『偶然をチャンスに変える生き方』（ダイヤモンド社，2009年），ほか多数

https://morotomi.net/

小澤　康司（おざわ　やすじ）

1994年　広島大学大学院生物圏科学研究科博士後期課程環境計画科学専攻単位取得退学

現　在　立正大学心理学部臨床心理学科教授，臨床心理士，公認心理師，キャリアコンサルタント，中級産業カウンセラー

著　書　『キーワードコレクション　カウンセリング心理学』（共著）（新曜社，2019年），『緊急支援のアウトリーチ』（共編）（遠見書房，2017年），『人生にいかすカウンセリング』（共著）（有斐閣，2011年），『危機への心理支援学』（遠見書房，2010年），『産業カウンセリング辞典』（共編）（金子書房，2008年）

大野　萌子（おおの　もえこ）

1990年　法政大学文学部日本文学科卒業

現　在　一般社団法人日本メンタルアップ支援機構代表理事，2級キャリアコンサルティング技能士，産業カウンセラー

著　書　『言いにくいことを伝える技術』（ぱる出版，2017年），『介護職のための職場コミュニケーション術』（中央法規出版，2017年），『わたしの仕事6　産業カウンセラー』（新水社，2015年），『「かまってちゃん」社員の上手なかまい方』（ディスカヴァー・トゥエンティワン，2014年）

https://japan-mental-up.biz/

■著者紹介

青木　美帆（臨床心理士，公認心理師，組織人事コンサルティングファーム外部パートナー，スクールカウンセラー）：第6章Ⅳ

浅川身奈栄（ハローワーク札幌みどりのコーナー難病患者就職サポーター）：第4章Ⅻ

伊藤　美季（古河電工健康保険組合事務長，同社内相談室（Heart Care Room）シニア産業カウンセラー，公認心理師）：第4章Ⅴ，Ⅷ

岩井　俊憲（有限会社ヒューマン・ギルド代表取締役）第2章Ⅵ，第8章Ⅱ

岩壁　茂（お茶の水女子大学基幹研究院教授，臨床心理士）：第2章Ⅷ

石見　忠士（こころの耳運営事務局長）：第5章Ⅴ

梅本和比己（株式会社チーム医療代表取締役）：第2章Ⅳ

江村　幸拡（一般社団法人日本メンタルアップ支援機構認定講師，キャリアコンサルタント，2級キャリアコンサルティング技能士，シニア産業カウンセラー）：第8章Ⅰ

大江　舞（目黒区教育委員会，臨床心理士，公認心理師）：第6章Ⅴ

大野　萌子（「編者紹介」参照）：第2章Ⅶ，第3章，第4章Ⅰ～Ⅲ，Ⅹ，第5章Ⅳ，第6章Ⅰ，第9章Ⅱ

小澤　康司（「編者紹介」参照）：第2章Ⅱ，Ⅸ，第5章Ⅲ，第7章Ⅰ

熊野　宏昭（早稲田大学人間科学学術院教授，医師，臨床心理士）：第2章Ⅹ（第二著者）

佐々木掌子（明治大学文学部心理社会学科臨床心理学専攻准教授，臨床心理士，公認心理師）：第4章Ⅺ

繁田　千恵（TA心理療法研究所所長，日本交流分析学会名誉理事，臨床心理士）：第2章Ⅴ

高橋　徹（早稲田大学大学院人間科学研究科博士後期課程，日本学術振興会特別研究員，臨床心理士，公認心理師）：第2章Ⅹ（第一著者）

高橋　浩（ユースキャリア研究所代表，日本キャリア開発協会理事，キャリアコンサルタント，博士（心理学），公認心理師）：第7章Ⅲ

野々垣みどり（亜細亜大学国際関係学部特任准教授，一般社団法人日本産業カウンセリング学会理事，キャリアコンサルタント，株式会社エマージェンス代表取締役社長）：第7章Ⅱ

濵田多美代（一般社団法人日本産業カウンセラー協会本部副会長，シニア産業カウンセラー，一般社団法人日本産業カウンセリング学会認定スー

パーバイザー）：第 6 章 II

原　　恵子（筑波大学働く人への心理支援開発研究センター准教授，公認心理師，博士（カウンセリング科学））：第 9 章 III

廣川　　進（法政大学キャリアデザイン学部教授，臨床心理士，公認心理師）：第 9 章 I

福井　　至（東京家政大学人文学部心理カウンセリング学科教授，同大学院臨床心理学専攻／人間生活学専攻教授，臨床心理士，公認心理師，博士（人間科学））：第 2 章 III

松本　桂樹（株式会社ジャパン EAP システムズ代表取締役社長，臨床心理士，精神保健福祉士，公認心理師）：第 5 章 I 〜 II，第 6 章 III

宮田　享子（みやた社労士事務所代表，社会保険労務士，産業カウンセラー）：第 4 章 IV，VI

諸富　祥彦（「編者紹介」参照）：はじめに，第 1 章，第 2 章 I，XI 〜 XII

矢部　玲子（一般社団法人日本メンタルアップ支援機構認定講師，シニア産業カウンセラー）：第 4 章 VII，IX

山﨑　　敦（株式会社セーフティネット取締役会長）：第 5 章 VI

実践 職場で使えるカウンセリング
──予防，解決からキャリア，コーチングまで

2020年3月5日　第1刷発行
2021年6月30日　第2刷発行

	諸	富	祥	彦
編 著 者	小	澤	康	司
	大	野	萌	子
発 行 者	柴	田	敏	樹
印 刷 者	田	中	雅	博

発 行 所　鱶社 誠 信 書 房
〒112-0012 東京都文京区大塚3-20-6
電話 03(3946) 5666
http://www.seishinshobo.co.jp/

印刷／製本：創栄図書印刷㈱
© Yoshihiko Morotomi, Yasuji Ozawa,
Moeko Ohno, 2020　Printed in Japan

落丁・乱丁本はお取り替えいたします
ISBN978-4-414-41665-7 C3011

職場のポジティブ
メンタルヘルス
現場で活かせる最新理論

島津明人 編著

従業員のメンタルヘルス対策に役立つ最新理論の活かし方を第一線の研究者が実践例とともに紹介。すぐに使えるちょっとした工夫が満載。

主要目次
第I部　職場のポジティブメンタルヘルスの
　　　　考え方
　　・健康の増進と生産性の向上は両立する！
　　・"ワーカホリック"な働き方に要注意！/他
第II部　組織マネジメントへの活用
　　・チームのエンゲイジメントを観察して、
　　　チームの生産性を上げる
　　・職場の人間関係のポイント/他
第III部　セルフマネジメントへの活用
　　・ポジティブ心理学の力
　　・レジリエンス/他
第IV部　生活のマネジメントへの活用
　　・よく働きよく遊べ！
　　・パートナーの理解や助けは、仕事からの
　　　リカバリーに効く！/他

A5判並製　定価(本体1800円＋税)

職場のポジティブ
メンタルヘルス2
科学的根拠に基づくマネジメント
の実践

島津明人 編著

従業員のメンタルヘルス対策に役立つ最新理論を、第一線の研究者がわかりやすく紹介した好評書籍の第2弾。職場で簡単に使える工夫が満載。

主要目次
第I部　セルフマネジメントへの活用
　　・今、目標がありますか？
　　・「ポジティブ」の流れにどうしても乗れな
　　　いあなたに
　　・仕事は成し遂げられると「信じる」ことが
　　　大切/他
第II部　組織マネジメントへの活用
　　・多様化する職場の組織力を高める
　　・倫理風土と仕事の有意味感の関連性
　　・ジョブ・クラフティングをうながす「しな
　　　やか」マインド・セット/他
第III部　生活のマネジメントへの活用
　　・仕事とのほどよい距離感
　　・仕事とプライベートとのポジティブな関係

A5判並製　定価(本体1800円＋税)